Kagekunst

Forførende Opskrifter på Bagværk

Sofie Jensen

INDHOLDSFORTEGNELSE

stuehus drypkage 11

Amerikansk honningkage med citronsauce 12

Kaffe honningkager 14

Ingefær flødekage 15

Liverpool honningkage kage 16

Havregryn honningkager 17

klistrede honningkager 19

Fuld hvede honningkager 20

Honning og mandelkage 21

citron islagkage 22

iste-ring 23

sandkage kage 25

Kommenfrø smørkage 26

marmoreret kage 27

Lincolnshire lagkage 28

brødkage 29

Syltetøj 30

valmuefrø kage 31

naturlig yoghurtkage 32

Blomme- og vanillecreme tærte 33

Bølget hindbærkage med chokoladeglasur 35

sandkage 36

frø kage 37

krydret ringkage 38

Krydret lagkage 39

Kanel sukkerkage 40

Victoriansk tekage 41

Alt-i-én frugtkage 42

Alt-i-én frugtkage 43

Australsk frugtkage 44

Rig amerikansk tærte 45

Carob frugtkage 47

Kaffekage med frugt 48

Cornish tung tærte 50

Bærtærte 51

sort frugtkage 52

skær kage og returner den 54

Dundee kage 55

Æggefri frugtkage natten over 56

ufejlbarlig frugtkage 57

Ingefær frugtkage 59

Frugtkage med markhonning 60

genua kage 61

glaseret frugtkage 63

Guinness Frugtkage 64

Hakket tærte 65

Havregryn Abrikos Frugtkage 66

Frugtkage om natten 67

rosin og krydderkage 68

richmond pie 69

Safran Frugtkage 70

Sodafrugtkage 71

hurtig frugtkage 72

frugtkage med varm te 73

Kold te frugtkage 74

sukkerfri frugtkage 75

små frugtkager 76

kage med frugteddike 77

Virginia whisky kage 78

Walisisk frugttærte 79

hvid frugttærte 80

æbletærte 80

Krydret æbletærte med sprød topping 82

Amerikansk æblekage 83

Æblemos kage 84

æblecider tærte 85

Æble-kanel kage 86

Spansk æbletærte 87

Æble- og sultanatærte 89

omvendt æblekage 90

Abrikosbrødskage 91

Abrikos ingefær tærte 92

Beruset abrikostærte 93

Banan tærte 94

Banankage med sprød topping 95

Banansvamp 96

Fiberrig banankage 97

Banan og citron kage 98

Chokoladekage med bananblender 99

Jordnødde banankage 100

Banan og rosinkage i ét 101

Banan whisky kage 102

Tranebærtærte 103

kirsebær brostenskage 104

kirsebær kokos kage 105

Cherry Sultana kage 106

Kirsebær- og valnødde-islagkage 107

Damson blommekage 108

Tærte med dadler og valnødder 109

Citronkage 110

Appelsin- og mandelkage 111

havregrynbrødskage 112

Mandarinkage glaseret stærk 113

Appelsinkage 114

engle kage 115

brombær sandwich 116

Gylden smørkage 117

Alt-i-en kaffesvamp 118

Tjekkisk kage 119

simpel honningkage 120

Alt-i-én citronsvamp 121

Citron chiffon kage 122

Citronkage 123

citron og vanilje kage 124

Madeira kage 125

marguerite kage ... 126

varm mælkekage ... 127

mælketærte ... 128

Alt-i-én mokka svamp ... 129

Muscat kage ... 130

Orange svamp alt i én ... 131

simpel kage ... 132

Spansk tærte ... 133

sejrs sandwich ... 134

pisket kage ... 135

vindmølle kage ... 136

schweizerrulle ... 138

æble swiss roll ... 139

Kastanjebrød med cognac ... 141

chokolade swiss roll ... 143

citronrulle ... 144

Honning citronostrulle ... 146

Lime marmelade rulle ... 148

Jordbær citron roulade ... 150

Appelsin og mandel schweizerrulle ... 152

Tilbage til ryg Strawberry Swiss Roll ... 155

Alt i én chokoladekage ... 157

Chokolade bananbrød ... 158

Chokolade og mandelkage ... 159

Chokolade mandel islagkage ... 160

chokolade englekage ... 162

Amerikansk chokoladekage ... 164

Chokolade æbletærte 166

Chokolade brownie kage 168

Chokolade kærnemælkskage 170

Kage med chokoladechips og mandler 171

Chokoladecremekage 172

Chokoladekage med dadler 173

Familie chokoladekage 175

Djævelens madkage med skumfidusfrosting 176

drømmende chokoladekage 178

flydende chokoladekage 180

Hasselnød og chokoladekage 181

chokoladekage 183

chokoladekage 185

Italiensk chokoladekage 187

Chokolade hasselnødde islagkage 189

Italiensk flødekage med chokolade og cognac 191

lagdelt chokoladekage 192

luftige chokoladekager 194

mokka kage 195

Mudderkage 196

Mississippi Mud Pie med sprød bund 197

Chokolade valnøddekage 199

Rig chokoladekage 200

Kage med chokolade, valnødder og kirsebær 201

Rom chokoladekage 203

chokolade sandwich 204

Carob og valnødde kage 205

Carob julelog 207

kommenfrøkage 209

Riskage med mandler 210

Ølkage 211

Øl og dadeltærte 213

battenburg kage 214

Brød budding kage 216

Engelsk kærnemælkskage 218

stuehus drypkage

Giver en kage på 18 cm

8 oz/1 1/3 kopper trail mix (frugtkage mix)

3 oz/75 g/1/3 kop oksetalg (vegetabilsk fedtstof)

5 oz/150 g/2/3 kop blødt brun farin

250 ml/8 fl oz/1 kop vand

8 oz/2 kopper/225 g fuldkornshvedemel (fuldkornshvede)

5 ml/1 tsk bagepulver

2,5 ml/½ tsk bagepulver (natriumbicarbonat)

5 ml/1 tsk stødt kanel

En knivspids revet muskatnød

En knivspids malet nelliker

Bring frugt, dråber, sukker og vand i kog i en tykbundet gryde og lad det simre i 10 minutter. Lad afkøle. Kom de resterende ingredienser i en skål, hæld den smeltede blanding i og bland forsigtigt. Hæld i en smurt og bagepapirbeklædt 18cm/7 kageform og bag i en forvarmet ovn ved 180°C/350°F/Gas Mark 4 i 1½ time, indtil den er hævet godt og krymper fra siderne af gryden.

Amerikansk honningkage med citronsauce

Giver en kage på 20 cm

8 oz/225 g/1 kop pulveriseret sukker (superfint)

2 oz/50 g/¼ kop smør eller margarine, smeltet

30 ml/2 spiseskefulde blackstrap melasse (melasse)

2 æggehvider, let pisket

8 oz/2 kopper/225 g mel (all-purpose)

5 ml/1 tsk bagepulver (natriumbicarbonat)

5 ml/1 tsk stødt kanel

2,5 ml/½ tsk stødt nelliker

1,5 ml/¼ teskefuld malet ingefær

en knivspids salt

250 ml kærnemælk

Til saucen:

100 g flormelis (super fint)

30 ml/2 spsk majsmel (majsstivelse)

en knivspids salt

En knivspids revet muskatnød

250 ml kogende vand

½ oz/15 g/1 spsk smør eller margarine

30 ml/2 spsk citronsaft

2,5 ml/½ tsk fintrevet citronskal

Bland sukker, smør eller margarine og melasse. Tilsæt æggehviderne. Bland mel, bagepulver, krydderier og salt. Rør melblanding og kærnemælk skiftevis i smør- og sukkerblandingen, indtil det er godt blandet. Hæld i en smurt og meldrysset 20 cm/8 tommer kageform og bag i en forvarmet ovn ved 200°C/400°F/gasmærke 6 i 35 minutter, indtil en tandstik indsat i midten kommer ren ud. Lad den køle af i formen i 5 minutter, inden den vendes på en rist til afkøling. Kagen kan serveres kold eller lun.

For at lave saucen skal du kombinere sukker, majsmel, salt, muskatnød og vand i en lille gryde ved svag varme og rør, indtil det er godt blandet. Kog ved lav varme under omrøring, indtil blandingen er tyk og klar. Tilsæt smør eller margarine og citronsaft og -skal og kog indtil det er blandet. Hæld honningkager over til servering.

Kaffe honningkager

Giver en kage på 20 cm

1¾ kopper / 7 oz / 200 g selvhævende mel

10 ml/2 tsk malet ingefær

10 ml/2 tsk granuleret instant kaffe

100 ml varmt vand

100 g smør eller margarine

¼ kop/3 oz/75 g gylden sirup (lys majs)

2 oz/50 g/¼ kop blødt brun farin

2 sammenpisket æg

Bland mel og ingefær. Opløs kaffen i det varme vand. Smelt margarine, sirup og sukker og bland med de tørre ingredienser. Bland kaffe og æg. Hæld i en smurt og foret 20 cm/8 kageform og bag i en forvarmet ovn ved 180°C/350°F/Gas Mark 4 i 40-45 minutter, indtil den er godt hævet og fjedrende at røre ved.

Ingefær flødekage

Giver en kage på 20 cm

¾ kop/6 oz/175 g smør eller margarine, blødgjort

5 oz/150 g/2/3 kop blødt brun farin

3 æg, let pisket

1½ kopper / 6 oz / 175 g selvhævende mel

15 ml/1 spsk malet ingefær Til fyldet:

150 ml piskefløde (tung)

15 ml/1 spsk flormelis, sigtet

5 ml/1 tsk malet ingefær

Fløde smør eller margarine og sukker til det er lyst og luftigt. Tilsæt gradvist æggene, derefter mel og ingefær og bland godt. Fordel mellem to smurte og forede 8/20 cm sandwichforme og bag dem i en forvarmet ovn ved 180°C/350°F/gasmærke 4 i 25 minutter, indtil de er godt hævede og spændstige. Lad afkøle.

Pisk fløden med sukker og ingefær stiv og brug den til at lave en sandwich med kagerne.

Liverpool honningkage kage

Giver en kage på 20 cm

100 g smør eller margarine

100 g/4 oz/½ kop demerara sukker

30 ml/2 spsk gylden sirup (lys majs)

8 oz/2 kopper/225 g mel (all-purpose)

2,5 ml/½ tsk bagepulver (natriumbicarbonat)

10 ml/2 tsk malet ingefær

2 sammenpisket æg

225 g/8 oz/11/3 kopper rosiner (gyldne rosiner)

2 oz/50 g/½ kop krystalliseret (kandiseret) ingefær, hakket

Smelt smør eller margarine med sukker og sirup ved svag varme. Fjern fra varmen og tilsæt tørre ingredienser og æg og bland godt. Tilsæt rosiner og ingefær. Hæld i en smurt og pergamentbeklædt 20 cm/8 tommer firkantet kageform og bag i en forvarmet ovn ved 150°C/300°F/gasmærke 3 i 1½ time, indtil den er elastisk at røre ved. Kagen kan synke lidt på midten. Lad afkøle i formen.

Havregryn honningkager

Giver en kage på 35 x 23 cm / 14 x 9 tommer

8 oz/2 kopper/225 g fuldkornshvedemel (fuldkornshvede)

3 oz/75 g/¾ kop havregryn

5 ml/1 tsk bagepulver (natriumbicarbonat)

5 ml/1 tsk creme af tandsten

15 ml/1 spsk malet ingefær

8 oz/225 g/1 kop smør eller margarine

8 oz/225 g/1 kop blødt brun farin

Bland mel, havregryn, natron, fløde tatar og ingefær i en skål. Gnid smør eller margarine i, indtil blandingen ligner brødkrummer. Tilsæt sukkeret. Tryk blandingen fast i en smurt kageform (35 x 23 cm) og bag i en forvarmet ovn ved 160°C/325°F/gasmærke 3 i 30 minutter, indtil den er stivnet. Skær i firkanter, mens de stadig er varme og afkøles helt i gryden.

orange honningkager

Giver en kage på 23 cm

450 g/1 lb/4 kopper almindeligt mel (all-purpose).

5 ml/1 tsk stødt kanel

2,5 ml/½ tsk malet ingefær

2,5 ml/½ tsk bagepulver (natriumbicarbonat)

6 oz/175 g/2/3 kop smør eller margarine

6 oz/175 g/2/3 kop pulveriseret (superfint) sukker

3 oz/75 g/½ kop glacé (kandiseret) appelsinskal, hakket

Revet skal og saft af ½ stor appelsin

6 oz / 175 g / ½ kop gylden (lys majs) sirup, varm

2 æg, let pisket

Lidt mælk

Bland mel, krydderier og natron sammen og gnid smør eller margarine i, indtil blandingen minder om brødkrummer. Tilsæt sukker, appelsinskal og -skal og lav en fordybning i midten. Bland appelsinjuice og varm sirup, pisk æggene i, til det er glat, tilsæt evt. lidt mælk. Pisk godt, kom derefter i en smurt 23 cm/9in firkantet kageform og bag i en forvarmet ovn ved 160°C/325°F/Gasmærke 3 i 1 time, indtil den er godt hævet og spændstig.

klistrede honningkager

Laver en 10/25 cm kage

10 oz/275 g/2½ kopper almindeligt mel (alle formål).

10 ml/2 tsk stødt kanel

5 ml/1 tsk bagepulver (natriumbicarbonat)

100 g smør eller margarine

6 oz/175 g/½ kop gylden sirup (lys majs)

6 oz/175 g/½ kop blackstrap melasse (melasse)

100 g/4 oz/½ kop blødt brun farin

2 sammenpisket æg

150 ml varmt vand

Bland mel, kanel og bagepulver. Smelt smør eller margarine med sirup, melasse og sukker og hæld de tørre ingredienser over. Tilsæt æg og vand og bland godt. Hæld i en smurt og med bagepapir beklædt firkantet kageform på 10/25 cm. Bages i en forvarmet ovn ved 180°C/350°F/gasmærke 4 i 40 til 45 minutter, indtil de er godt hævet og fjedrende at røre ved.

Fuld hvede honningkager

Giver en kage på 18 cm

1 kop/4 oz/100 g mel (all-purpose).

4 oz/100 g/1 kop fuldkornshvedemel (fuldkornshvede)

2 oz/50 g/¼ kop blødt brun farin

50 g/2 oz/1/3 kop rosiner (gyldne rosiner)

10 ml/2 tsk malet ingefær

5 ml/1 tsk stødt kanel

5 ml/1 tsk bagepulver (natriumbicarbonat)

en knivspids salt

100 g smør eller margarine

30 ml/2 spsk gylden sirup (lys majs)

30 ml/2 spiseskefulde blackstrap melasse (melasse)

1 æg, let pisket

150 ml mælk

Bland de tørre ingredienser. Smelt smør eller margarine med sirup og melasse og bland med de tørre ingredienser med æg og mælk. Hæld i en smurt og foret tærteform på 18 cm/7, og bag i en forvarmet ovn ved 160°C/325°F/gasmærke 3 i 1 time, indtil den er elastisk at røre ved.

Honning og mandelkage

Giver en kage på 20 cm

250 g gulerødder, revet

2½ oz/65g mandler, finthakkede

2 æg

100 g/4 oz/1/3 kop lys honning

60 ml/4 spiseskefulde olie

150 ml mælk

4 oz/100 g/1 kop fuldkornshvedemel (fuldkornshvede)

¼ kop/1 oz/25 g almindeligt (all-purpose) mel

10 ml/2 tsk stødt kanel

2,5 ml/½ tsk bagepulver (natriumbicarbonat)

en knivspids salt

citron glasur

Et par skiver (laminerede) mandler til pynt

Bland gulerødder og nødder. Pisk æggene i en separat skål og bland med honning, olie og mælk. Tilsæt gulerødder og valnødder, og tilsæt derefter de tørre ingredienser. Hæld i en smurt og beklædt 20 cm/8 kageform og bag i en forvarmet ovn ved 150°C/300°F/Gas Mark 2 i 1-1¼ time, indtil den er godt hævet og fjedrende at røre ved. Lad afkøle i formen, inden du tager den ud af formen. Dryp med citronglasuren og pynt med flåede mandler.

citron islagkage

Giver en kage på 18 cm

100 g smør eller margarine, blødgjort

100 g flormelis (super fint)

2 æg

1 kop/4 oz/100 g mel (all-purpose).

2 oz/50 g/½ kop sleben ris

2,5 ml/½ teskefuld bagepulver

revet skal og saft af 1 citron

4 oz/100 g/2/3 kop flormelis, sigtet

Fløde smør eller margarine og sukker til det er lyst og luftigt. Bland æggene i et ad gangen, pisk godt efter hver tilsætning. Bland mel, malede ris, bagepulver og citronskal og vend det i blandingen. Hæld i en smurt og bagepapirbeklædt 18 cm/7 tærteform og bag i en forvarmet ovn ved 180°C/350°F/gasmærke 4 i 1 time, indtil den er elastisk at røre ved. Tag ud af formen og lad afkøle.

Bland flormelis med lidt citronsaft til det er glat. Fordel over kagen og lad den hvile.

iste-ring

Til 4-6 personer

150 ml varm mælk

2,5 ml/½ tsk tørgær

1 oz/25 g/2 spsk pulveriseret (superfint) sukker

1 oz/25 g/2 spsk smør eller margarine

8 oz/2 kopper/225 g almindeligt stærkt mel (brød)

1 sammenpisket æg Til fyldet:

2 oz/50 g/¼ kop smør eller margarine, blødgjort

2 oz/50 g/¼ kop malede mandler

2 oz/50 g/¼ kop blødt brun farin

Til omslaget:

4 oz/100 g/2/3 kop flormelis, sigtet

15 ml/1 spsk varmt vand

30 ml/2 spsk mandler i flager (skåret i skiver)

Hæld mælken over gær og sukker og bland. Lad stå et lunt sted, indtil det er skummende. Gnid smørret eller margarinen ind i melet. Tilsæt gærblandingen og ægget og pisk godt. Dæk beholderen med olieret husholdningsfilm (plastfolie) og lad den stå et lunt sted i 1 time. Ælt igen og form derefter et rektangel på ca. 30 x 23 cm / 12 x 9 tommer. Fordel smør eller margarine til fyldet på dejen og drys med malede mandler og sukker. Rul til en lang pølse og form en ring, forsegl kanterne med lidt vand. Skær to tredjedele af rullen af med mellemrum på ca. 1½/3 cm og læg den på en smurt bageplade. Lad stå et varmt sted i 20 minutter. Bages i en forvarmet ovn ved 200°C/425°F/gasmærke 7 i 15 minutter. Reducer ovntemperaturen til 180°C/350°F/gasmærke 4 i yderligere 15 minutter.

Bland imens flormelis og vand til en glasur. Når den er kold, fordeles den over kagen og pyntes med skivede mandler.

sandkage kage

Giver en kage på 23 x 18 cm / 9 x 7 tommer

½ oz/15 g frisk gær eller 4 tsk/20 ml tørgær

5 ml/1 tsk flormelis (superfint) sukker

300 ml varmt vand

5 oz/150 g/2/3 kop shortening (vegetabilsk shortening)

450 g stærkt (brød)mel

en knivspids salt

100 g/4 oz/2/3 kop rosiner (gyldne rosiner)

100 g/4 oz/2/3 kop lys honning

Bland gæren med sukkeret og lidt varmt vand og lad det skumme et lunt sted i 20 minutter.

Gnid 25 g/1 oz/2 spsk spæk ind i melet og saltet og lav en brønd i midten. Hæld gærblandingen og det resterende varme vand i og bland indtil du får en fast dej. Ælt indtil glat og elastisk. Læg dem i en oliesmurt skål, dæk med olieret husholdningsfilm (plastfolie) og lad dem stå et lunt sted i ca. 1 time, indtil de er dobbelt så store.

Skær det resterende smør i tern. Ælt dejen igen og rul ud til et rektangel, der måler cirka 35 x 23 cm/14 x 9 tommer. Dæk de øverste to tredjedele af dejen med en tredjedel af svinefedtet, en tredjedel af rosinerne og en fjerdedel af honningen. Fold den normale tredjedel af dejen over fyldet, og fold derefter den øverste tredjedel over den. Tryk kanterne sammen for at forsegle, og drej derefter dejen en kvart omgang, så folden er på din venstre side. Rul ud og gentag processen to gange mere for at bruge alt smør og rosiner. Læg dem på en smurt bageplade og skær med en kniv i krydsmønster. Dæk til og lad stå et lunt sted i 40 minutter.

Bages i en forvarmet ovn ved 220°C/425°F/gasmærke 7 i 40 minutter. Dryp toppen med den resterende honning og lad den køle af.

Kommenfrø smørkage

Giver en kage på 23 x 18 cm / 9 x 7 tommer

450 g standard hvidbrødsdej

¾ kop/6 oz/175 g shortening (vegetabilsk shortening), hakket

6 oz/175 g/¾ kop pulveriseret sukker (superfint)

15 ml/1 spiseskefuld kommenfrø

Forbered dejen og rul ud på en let meldrysset overflade til et rektangel, der måler cirka 35 x 23 cm/14 x 9 tommer. Læg halvdelen af fedtstoffet og halvdelen af sukkeret på de øverste to tredjedele af dejen, fold derefter en tredjedel af dejen op og fold den øverste tredjedel over den. Vend dejen en kvart omgang, så folden er på venstre side, rul den ud igen og drys på samme måde med det resterende fedtstof samt sukker og kommen. Fold igen, form så, så den passer til en bageplade (pande), og skær toppen i en diamantform. Dæk med olieret husholdningsfilm (plastfolie) og lad stå et lunt sted i ca. 30 minutter, indtil volumen er fordoblet.

Bages i en forvarmet ovn ved 200°C/400°F/gasmærke 6 i 1 time. Lad afkøle i formen i 15 minutter, så fedtet trænger ind i dejen, og vend derefter ud på en rist for at køle helt af.

marmoreret kage

Giver en kage på 20 cm

¾ kop/6 oz/175 g smør eller margarine, blødgjort

6 oz/175 g/¾ kop pulveriseret sukker (superfint)

3 æg, let pisket

8 oz/225 g/2 kopper selvhævende mel

Et par dråber mandelessens (ekstrakt)

Et par dråber grøn madfarve

Et par dråber rød madfarve.

Fløde smør eller margarine og sukker til det er lyst og luftigt. Pisk gradvist æggene i, og tilsæt derefter melet. Del blandingen i tredjedele. Tilføj mandelessensen til en tredjedel, den grønne farve til en tredjedel og den røde farve til den resterende tredjedel. Hæld store skefulde af alle tre blandinger på skift i en smurt og foret 20 cm/8in kageform og bag i en forvarmet ovn ved 180°C/350°F/gasmærke 4 i 45 minutter, indtil den er gennemhævet og elastisk at røre ved.

Lincolnshire lagkage

Giver en kage på 20 cm

6 oz/175 g/¾ kop smør eller margarine

12 oz/350 g/3 kopper almindeligt mel (alle formål).

en knivspids salt

150 ml mælk

15 ml/1 spsk tørgær Til fyldet:

225 g/8 oz/11/3 kopper rosiner (gyldne rosiner)

8 oz/225 g/1 kop blødt brun farin

1 oz/25 g/2 spsk smør eller margarine

2,5 ml/½ tsk stødt allehånde

1 æg, adskilt

Gnid halvdelen af smørret eller margarinen ind i melet og saltet, indtil blandingen minder om brødkrummer. Varm det resterende smør eller margarine op med mælken, indtil det er varmt, og bland derefter lidt, indtil du får en pasta med gæren. Rør gærblandingen og resten af mælken og smørret i melblandingen og ælt til en jævn dej. Læg i en oliesmurt skål, dæk til og lad det stå et lunt sted i ca. 1 time, indtil det er fordoblet i volumen. Læg imens alle ingredienserne til fyldet, undtagen æggehviden, i en stegepande ved svag varme og lad det simre til det er smeltet.

Rul en fjerdedel af dejen ud til en cirkel på 8/20 cm og fordel med en tredjedel af fyldet. Gentag med resterende mængder af dej og fyld, top med en cirkel af dej. Pensl kanterne med æggehvide og forsegl dem. Bages i en forvarmet ovn ved 190°C/375°F/gasmærke 5 i 20 minutter. Pensl toppen med æggehvide og sæt den tilbage i ovnen i yderligere 30 minutter, indtil den er gyldenbrun.

brødkage

Laver en kage på 900 g

¾ kop/6 oz/175 g smør eller margarine, blødgjort

10 oz/275 g/1¼ kopper pulveriseret sukker (superfint)

Revet skal og saft af ½ citron

120 ml mælk

2¼ kopper / 10 oz / 275 g selvhævende mel

5 ml/1 tsk salt

5 ml/1 tsk bagepulver

3 æg

Flormelis (flormelis), sigtet, til aftørring

Fløde smør eller margarine, sukker og citronskal til det er let og luftigt. Tilsæt citronsaft og mælk, bland mel, salt og bagepulver i og bland til en jævn masse. Tilsæt gradvist æggene, pisk godt efter hver tilsætning. Hæld blandingen i en smurt og foret 900g/2lb brødform og bag i en forvarmet ovn ved 150°F/300°F/Gas Mark 2 i 1¼ time, indtil den er elastisk at røre ved. Lad den køle af i formen i 10 minutter, inden den tages ud for at køle yderligere af på en rist. Server drysset med flormelis.

Syltetøj

Giver en kage på 18 cm

¾ kop/6 oz/175 g smør eller margarine, blødgjort

6 oz/175 g/¾ kop pulveriseret sukker (superfint)

3 æg, adskilt

10 oz/300 g/2½ kopper selvhævende mel

45ml/3 spsk tyk marmelade

1/3 kop/2 oz/50 g blandet (kandiseret) hakket skal

revet skal af 1 appelsin

45 ml/3 spiseskefulde vand

                      Til glasuren (glasuren):

4 oz/100 g/2/3 kop flormelis, sigtet

saft af 1 appelsin

Et par skiver kandiseret appelsin (kandiseret)

Fløde smør eller margarine og sukker til det er lyst og luftigt. Tilsæt gradvist æggeblommerne og derefter 15 ml/1 spsk mel. Tilsæt marmelade, blandet skal, appelsinskal og vand, og tilsæt derefter det resterende mel. Pisk æggehviderne stive og vend dem derefter ind i blandingen med en metalske. Hæld i en smurt og bagepapirbeklædt tærteform på 7/18 cm (bageplade) og bag i en forvarmet ovn ved 180°C/350°F/gasmærke 4 i 1¼ time, indtil den er godt hævet og fjedrende at røre ved. Lad afkøle i formen i 5 minutter og vend derefter ud på en rist for at køle af.

For at lave glasuren, læg flormelissen i en skål og lav en fordybning i midten. Tilsæt gradvist nok appelsinjuice til at få en smørbar konsistens. Hæld over kagen og nedad siderne og lad sætte sig. Pynt med krystalliserede appelsinskiver.

valmuefrø kage

Giver en kage på 20 cm

250 ml mælk

100 g valmuefrø

8 oz/225 g/1 kop smør eller margarine, blødgjort

8 oz/225 g/1 kop blødt brun farin

3 æg, adskilt

1 kop/4 oz/100 g mel (all-purpose).

4 oz/100 g/1 kop fuldkornshvedemel (fuldkornshvede)

5 ml/1 tsk bagepulver

Bring mælken i kog i en lille gryde med valmuefrø, tag derefter af varmen, læg låg på og lad det trække i 30 minutter. Fløde smør eller margarine og sukker til det er blegt og luftigt. Tilsæt æggeblommerne lidt efter lidt, derefter mel og bagepulver. Tilsæt valmuefrø og mælk. Pisk æggehviderne stive og vend dem derefter ind i blandingen med en metalske. Hæld i en smurt og bagepapirbeklædt 20 cm/8in kageform og bag i en forvarmet ovn ved 180°C/350°F/Gas Mark 4 i 1 time, indtil en tandstik indsat i midten kommer ren ud. Lad den køle af i formen i 10 minutter, inden den tages ud for at køle yderligere af på en rist.

naturlig yoghurtkage

Giver en kage på 23 cm

5 oz/150 g yoghurt

150 ml / ¼ stk / 2/3 kop olie

8 oz/225 g/1 kop pulveriseret sukker (superfint)

8 oz/225 g/2 kopper selvhævende mel

10 ml/2 tsk bagepulver

2 sammenpisket æg

Bland alle ingredienserne, indtil de er glatte, og hæld dem derefter i en smurt og bagepapirbeklædt 23 cm/9in kageform. Bages i en forvarmet ovn ved 160°C/325°F/gasmærke 3 i 1¼ time, indtil den er elastisk at røre ved. Lad afkøle i formen.

Blomme- og vanillecreme tærte

Giver en kage på 23 cm

Til fyldet:

5 oz/150 g/2/3 kop udstenede (udstenede) svesker, groft hakket

120 ml appelsinjuice

2 oz/50 g/¼ kop pulveriseret sukker (superfint)

30 ml/2 spsk majsmel (majsstivelse)

175 ml mælk

2 æggeblommer

Finrevet skal af 1 appelsin

Til kagen:

¾ kop/6 oz/175 g smør eller margarine, blødgjort

8 oz/225 g/1 kop pulveriseret sukker (superfint)

3 æg, let pisket

1¾ kopper/200 g almindeligt (all-purpose) mel

10 ml/2 tsk bagepulver

2,5 ml/½ tsk revet muskatnød

75 ml/5 spsk appelsinjuice

Lav først fyldet. Udblød blommerne i appelsinjuicen i mindst to timer.

Bland sukker og majsmel til en pasta med lidt mælk. Bring den resterende mælk i kog i en gryde. Hæld sukker og majsmel over og bland godt, vend derefter tilbage til den skyllede gryde og pisk æggeblommerne i. Tilsæt appelsinskal og rør ved meget svag varme, indtil den er tyk, men lad ikke fløden koge. Sæt gryden i en skål med koldt vand og rør af og til i cremen, mens den afkøles.

For at lave kagen blandes smør eller margarine og sukker, indtil det er let og luftigt. Tilsæt gradvist æggene, derefter mel, bagepulver og muskatnød, skiftevis med appelsinjuice. Hæld halvdelen af dejen i en smurt 23 cm/9 tommer kageform og fordel cremen over den, efterlad et hul rundt om kanten. Hæld sveskerne og udblødningsvæsken over cremen og top med den resterende kageblanding, og sørg for, at kageblandingen lukker i fyldet på siderne, og fyldet er helt dækket. Bages i en forvarmet ovn ved 200°C/400°F/gasmærke 6 i 35 minutter, indtil de er gyldenbrune og siderne af formen krymper. Lad afkøle i formen, inden du tager den ud af formen.

Bølget hindbærkage med chokoladeglasur

Giver en kage på 20 cm

¾ kop/6 oz/175 g smør eller margarine, blødgjort

6 oz/175 g/¾ kop pulveriseret sukker (superfint)

3 æg, let pisket

8 oz/225 g/2 kopper selvhævende mel

4 oz/100 g hindbær Til glasur og dekoration:

Hvid chokolade smør frosting

4 oz/100 g/1 kop mørk (halvsød) chokolade

Fløde smør eller margarine og sukker til det er lyst og luftigt. Pisk gradvist æggene i, og tilsæt derefter melet. Purér hindbærene og gnid dem gennem en sigte for at fjerne kernerne. Rør puréen i kageblandingen, så den marmorerer gennem blandingen og ikke blander sig. Hæld i en smurt og foret 20 cm/8in kageform og bag i en forvarmet ovn ved 180°C/350°F/gasmærke 4 i 45 minutter, indtil den er godt hævet og fjedrende at røre ved. Overfør til en rist til afkøling.

Fordel smørcremefrosting over kagen og skrab overfladen ren med en gaffel. Smelt chokoladen i en varmefast skål placeret over en gryde med kogende vand. Fordel på en bageplade (kiks) og lad den stå til den er næsten stivnet. Skrab den flade side af en skarp kniv over chokoladen for at skabe krøller. Brug den til at dekorere toppen af kagen.

sandkage

Giver en kage på 20 cm

3 oz/75 g/1/3 kop smør eller margarine, blødgjort

3 oz/75 g/1/3 kop pulveriseret sukker (superfint)

2 æg, let pisket

4 oz / 100 g / 1 kop majsmel (majsstivelse)

¼ kop/1 oz/25 g almindeligt (all-purpose) mel

5 ml/1 tsk bagepulver

2 oz/50 g/½ kop hakkede blandede nødder

Fløde smør eller margarine og sukker til det er lyst og luftigt. Tilsæt æggene gradvist, og vend derefter majsmel, mel og bagepulver i. Hæld blandingen i en smurt 20 cm / 8 tommer firkantet kageform og drys med de hakkede valnødder. Bages i en forvarmet ovn ved 180°C/350°F/gasmærke 4 i 1 time, indtil den er elastisk at røre ved.

frø kage

Giver en kage på 18 cm

100 g smør eller margarine, blødgjort

100 g flormelis (super fint)

2 æg, let pisket

8 oz/2 kopper/225 g mel (all-purpose)

1 oz/25 g/¼ kop kommenfrø

5 ml/1 tsk bagepulver

en knivspids salt

45 ml / 3 spsk mælk

Fløde smør eller margarine og sukker til det er lyst og luftigt. Tilsæt gradvist æggene, og tilsæt derefter mel, kommen, bagepulver og salt. Rør nok mælk i til at få en flydende blanding. Hæld i en smurt og foret tærteform på 18 cm/7 og bag i en forvarmet ovn ved 200°C/400°F/gasmærke 6 i 1 time, indtil den er fjedrende at røre ved og begynder at krympe på siderne. Ud af dåsen

krydret ringkage

Giver en ring på 23 cm

1 æble, skrællet, udkernet og revet

30 ml/2 spsk citronsaft

8 oz/25 g/1 kop blødt brun farin

5 ml/1 tsk malet ingefær

5 ml/1 tsk stødt kanel

2,5 ml/½ tsk malede blandede urter (æblekage)

8 oz/225 g/2/3 kop gylden sirup (lys majs)

250 ml olie

10 ml/2 tsk bagepulver

14 oz/400 g/3½ kopper almindeligt mel (alle formål).

10 ml / 2 tsk natron (bagepulver)

250 ml varm stærk te

1 sammenpisket æg

Flormelis (flormelis), sigtet, til aftørring

Bland æble- og citronsaft. Tilsæt sukker og krydderier, derefter sirup og olie. Tilsæt bagepulveret til melet og bagepulveret til den varme te. Rør disse skiftevis i blandingen og rør derefter ægget i. Hæld i en smurt og bagepapirbeklædt 23 cm/9in kageform og bag i en forvarmet ovn ved 180C/gasmærke 4 i 1 time, indtil den er spændstig at røre ved. Lad afkøle i formen i 10 minutter og vend derefter ud på en rist for at køle af. Server drysset med flormelis.

Krydret lagkage

Giver en kage på 23 cm

100 g smør eller margarine, blødgjort

100 g granuleret sukker

100 g/4 oz/½ kop blødt brun farin

2 sammenpisket æg

1½ kopper/175 g mel (alle formål)

5 ml/1 tsk bagepulver

5 ml/1 tsk stødt kanel

2,5 ml/½ tsk bagepulver (natriumbicarbonat)

2,5 ml/½ tsk malede blandede urter (æblekage)

en knivspids salt

200 ml/7 fl oz/lille 1 kop inddampet mælk på dåse

Citronsmørglasur

Fløde smør eller margarine og sukker til det er lyst og luftigt. Pisk gradvist æggene, tilsæt derefter de tørre ingredienser og inddampet mælk og bland, indtil det er glat. Fordel mellem to smurte og forede kageforme på 9/23 cm og bag dem i en forvarmet ovn ved 180°C/350°F/gasmærke 4 i 30 minutter, indtil de er fjedrende at røre ved. Lad køle af og sandwich sammen med citronsmørfrosting.

Kanel sukkerkage

Giver en kage på 23 cm

1½ kopper / 6 oz / 175 g selvhævende mel

10 ml/2 tsk bagepulver

en knivspids salt

6 oz/175 g/¾ kop pulveriseret sukker (superfint)

2 oz/50 g/¼ kop smør eller margarine, smeltet

1 æg, let pisket

120 ml mælk

2,5 ml/½ tsk vaniljeessens (ekstrakt)

Til omslaget:

2 oz/50 g/¼ kop smør eller margarine, smeltet

2 oz/50 g/¼ kop blødt brun farin

2,5 ml/½ tsk stødt kanel

Pisk alle kageingredienser, indtil de er glatte og godt blandet. Hæld i en smurt 23 cm/9in kageform og bag i en forvarmet ovn ved 180°C/350°F/gasmærke 4 i 25 minutter, indtil de er gyldenbrune. Pensl den varme kage med smørret. Bland sukker og kanel og drys ovenpå. Sæt kagen tilbage i ovnen i yderligere 5 minutter.

Victoriansk tekage

Giver en kage på 20 cm

8 oz/225 g/1 kop smør eller margarine, blødgjort

8 oz/225 g/1 kop pulveriseret sukker (superfint)

8 oz/225 g/2 kopper selvhævende mel

¼ kop / 1 oz / 25 g majsmel (majsstivelse)

30 ml/2 spiseskefulde kommenfrø

5 æg, adskilt

Granuleret sukker til aftørring

Fløde smør eller margarine og sukker til det er blegt og luftigt. Tilsæt mel, majsmel og kommenfrø. Pisk æggeblommerne og bland dem i blandingen. Pisk æggehviderne stive og vend dem forsigtigt i blandingen med en metalske. Hæld i en smurt og bagepapirbeklædt 20 cm/8" kageform og drys med sukker. Bag i en forvarmet ovn ved 180C/Gas Mark 4 i 1½ time, indtil den er gyldenbrun og begynder at krympe på siderne af panden.

Alt-i-én frugtkage

Giver en kage på 20 cm

¾ kop/6 oz/175 g smør eller margarine, blødgjort

6 oz/175 g/¾ kop blødt brun farin

3 æg

15 ml/1 spsk gylden sirup (lys majs)

4 oz/100 g/½ kop kandiserede kirsebær (kandiserede)

100 g/4 oz/2/3 kop rosiner (gyldne rosiner)

100 g rosiner

8 oz/225 g/2 kopper selvhævende mel

10 ml/2 tsk malet blandet krydderi (æblekage)

Kom alle ingredienser i en skål og blend indtil de er godt blandet, eller forarbejd i en foodprocessor. Hæld i en smurt og bagepapirbeklædt 20 cm/8 tommer kageform og bag i en forvarmet ovn ved 160°C/325°F/Gas Mark 3 i 1½ time, indtil en tandstik indsat i midten kommer ren ud. Lad stå i formen i 5 minutter og vend derefter ud på en rist for at køle yderligere af.

Alt-i-én frugtkage

Giver en kage på 20 cm

12 oz/350 g/2 kopper trail mix (frugtkage mix)

100 g smør eller margarine

100 g/4 oz/½ kop blødt brun farin

150 ml/¼ stk/2/3 kop vand

2 store æg, pisket

8 oz/225 g/2 kopper selvhævende mel

5 ml / 1 tsk malet blandet krydderi (æblekage)

Kom frugt, smør eller margarine, sukker og vand i en gryde, bring det i kog og lad det simre i 15 minutter. Lad afkøle. Tilsæt spiseskefulde æg skiftevis med mel og blandede krydderurter og bland godt. Hæld i en smurt 20 cm/8 tommer kageform og bag i en forvarmet ovn ved 140°C/275°F/gasmærke 1 i 1 til 1½ time, indtil en tandstik indsat i midten kommer ren ud.

Australsk frugtkage

Laver en kage på 900 g

100 g smør eller margarine

8 oz/225 g/1 kop blødt brun farin

250 ml/8 fl oz/1 kop vand

12 oz/350 g/2 kopper trail mix (frugtkage mix)

5 ml/1 tsk bagepulver (natriumbicarbonat)

10 ml/2 tsk malet blandet krydderi (æblekage)

5 ml/1 tsk malet ingefær

4 oz/100 g/1 kop selvhævende mel

1 kop/4 oz/100 g mel (all-purpose).

1 sammenpisket æg

Bring alle ingredienser undtagen mel og æg i kog i en gryde. Fjern fra varmen og lad afkøle. Bland mel og æg. Hæld blandingen i en smurt og bagepapirbeklædt brødform på 900 g/2lb og bag i en forvarmet ovn ved 160°C/325°F/gasmærke 3 i 1 time, indtil den er hævet godt og en tandstik indsat i midten. komme rent ud

Rig amerikansk tærte

Laver en 10/25 cm kage

225 g/8 oz/11/3 kopper ribs

4 oz/100 g/1 kop blancherede mandler

15 ml/1 spsk appelsinblomstvand

45 ml/3 spsk tør sherry

1 stor æggeblomme

2 æg

12 oz/350 g/1½ kopper smør eller margarine, blødgjort

6 oz/175 g/¾ kop pulveriseret sukker (superfint)

En knivspids malet mace

En knivspids stødt kanel

En knivspids malet nelliker

En knivspids malet ingefær

En knivspids revet muskatnød

30 ml/2 spsk brandy

8 oz/2 kopper/225 g mel (all-purpose)

2 oz/50 g/½ kop hakket blandet (kandiseret) skræl

Læg stikkelsbærrene i blød i varmt vand i 15 minutter og dræn godt af. Kværn mandlerne med appelsinblomstvandet og 15 ml/1 spsk sherry. Pisk æggeblomme og æg. Pisk smør eller margarine og sukker, til det er cremet, tilsæt derefter mandelblandingen og æg og pisk, indtil det er tykt og hvidt. Tilsæt krydderierne, resterende sherry og cognac. Tilsæt melet og bland ribs og blandet skal. Hæld i en smurt tærteform på 25 cm/10 cm og bag i en forvarmet ovn ved 180°C/350°F/gasmærke 4 i ca. 1 time, indtil en tandstik indsat i midten kommer ren ud.

Carob frugtkage

Giver en kage på 18 cm

1 lb/450 g/22/3 kopper rosiner

300 ml appelsinjuice

¾ kop/6 oz/175 g smør eller margarine, blødgjort

3 æg, let pisket

8 oz/2 kopper/225 g mel (all-purpose)

3 oz/75 g/¾ kop johannesbrødpulver

10 ml/2 tsk bagepulver

revet skal af 2 appelsiner

2 oz/50 g/½ kop hakkede valnødder

Udblød rosinerne natten over i appelsinsaften. Bland smør eller margarine og æg til det er glat. Bland gradvist rosinerne og appelsinsaften og de øvrige ingredienser i. Hæld i en smurt og foret kageform (18 cm/7") og bag i en forvarmet ovn ved 180°C/350°F/gasmærke 4 i 30 minutter, reducer derefter ovntemperaturen til 160°C/325°F/ gasmærke 3 i yderligere 1¼ time, eller indtil en tandstik indsat i midten kommer ren ud Lad afkøle i dåsen i 10 minutter, før den vendes på en rist for at afkøle.

Kaffekage med frugt

Laver en 10/25 cm kage

450 g flormelis (super fint)

450 g/1 lb/2 kopper udstenede (udstenede) dadler, hakket

1 lb/450 g/22/3 kopper rosiner

1 lb / 450 g / 22/3 kopper sultanas (gyldne rosiner)

4 oz/100 g/½ kop kandiserede (kandiserede) kirsebær, hakket

4 oz/100 g/1 kop hakkede blandede nødder

450 ml/¾ pt/2 kopper stærk sort kaffe

120 ml olie

100 g gylden sirup (lette majs)

10 ml/2 tsk stødt kanel

5ml/1 tsk revet muskatnød

en knivspids salt

10 ml / 2 tsk natron (bagepulver)

15 ml/1 spsk vand

2 æg, let pisket

450 g/1 lb/4 kopper almindeligt mel (all-purpose).

120 ml sherry eller cognac

Bring alle ingredienser undtagen bagepulver, vand, æg, mel og sherry eller brandy i kog i en tykbundet gryde. Kog i 5 minutter under konstant omrøring, tag derefter af varmen og afkøl.

Bland natron med vandet og tilsæt frugtblandingen med æg og mel. Hæld i en smurt og foret 25 cm/10 (pande) gryde og bind et dobbelt lag fedtfast (voks)papir rundt om ydersiden, så det passer over toppen af gryden. Bages i en forvarmet ovn ved

160°C/325°F/gasmærke 3 i 1 time. Reducer ovntemperaturen til 150°C/300°F/gasmærke 2 og bag i 1 time mere. Reducer ovntemperaturen til 140°C/275°F/gasmærke 1 og bag i en tredje time. Reducer ovntemperaturen tilbage til 120°C/250°F/½ gasmærke og bag den sidste time, og dæk toppen af kagen med bagepapir, hvis den begynder at brune. Efter tilberedning, ved at stikke en tandstikker i midten,

Cornish tung tærte

Laver en kage på 900 g

12 oz/350 g/3 kopper almindeligt mel (alle formål).

2,5 ml/½ teskefuld salt

¾ kop / 6 oz / 175 g shortening (vegetabilsk shortening)

3 oz/75 g/1/3 kop pulveriseret sukker (superfint)

175 g ribs

Lidt hakket blandet (kandiseret) skal (valgfrit)

Cirka 150 ml/¼ pt/2/3 kop blandet mælk og vand

1 sammenpisket æg

Kom mel og salt i en skål og gnid spækket i, indtil blandingen minder om brødkrummer. Tilsæt de resterende tørre ingredienser. Tilsæt gradvist nok mælk og vand til en fast dej. Det varer ikke længe. Rul ud på en smurt bageplade ca 1/2 cm tyk. Glasér med sammenpisket æg. Tegn et mønster på kryds og tværs over toppen med spidsen af en kniv. Bages i en forvarmet ovn ved 160°C/325°F/gasmærke 3 i ca. 20 minutter, indtil de er gyldenbrune. Lad afkøle og skær derefter i firkanter.

Bærtærte

Giver en kage på 23 cm

8 oz/225 g/1 kop smør eller margarine

11 oz/300 g/1½ kopper flormelis (superfint)

en knivspids salt

100 ml kogende vand

3 æg

14 oz/400 g/3½ kopper almindeligt mel (alle formål).

175 g ribs

2 oz/50 g/½ kop hakket blandet (kandiseret) skræl

100 ml/3½ fl oz/6½ spiseskefulde koldt vand

15 ml/1 spsk bagepulver

Kom smør eller margarine, sukker og salt i en skål, hæld det kogende vand i og lad det være blødt. Pisk hurtigt indtil glat og cremet. Tilsæt æggene lidt efter lidt og bland mel, ribs og skal i skiftevis med det kolde vand. Tilsæt bagepulveret. Hæld dejen i en smurt kageform (23 cm/9in) og bag i en forvarmet ovn ved 180°C/350°F/gasmærke 4 i 30 minutter. Reducer ovntemperaturen til 150°C/300°F/gasmærke 2 og bag i yderligere 40 minutter, eller indtil en tandstik indsat i midten kommer ren ud. Lad den køle af i formen i 10 minutter, inden den tages ud for at køle yderligere af på en rist.

sort frugtkage

Laver en 10/25 cm kage

8 oz/225 g/1 kop hakket (kandiseret) blandet frugt

12 oz/350 g/2 kopper udstenede (udstenede) dadler, hakket

8 oz/11/3 kopper/225 g rosiner

8 oz/225 g/1 kop kandiserede (kandiserede) kirsebær, hakket

100 g kandiseret ananas (glacé), finthakket

4 oz/100 g/1 kop hakkede blandede nødder

8 oz/2 kopper/225 g mel (all-purpose)

5 ml/1 tsk bagepulver (natriumbicarbonat)

5 ml/1 tsk stødt kanel

2,5 ml/½ tsk allehånde

1,5 ml/¼ teskefuld stødt nelliker

1,5 ml/¼ teskefuld salt

8 oz/225 g/1 kop shortening (vegetabilsk shortening)

8 oz/225 g/1 kop blødt brun farin

3 æg

6 oz/175 g/½ kop blackstrap melasse (melasse)

2,5 ml/½ tsk vaniljeessens (ekstrakt)

120 ml kærnemælk

Bland frugterne og nødderne. Bland mel, bagepulver, krydderier og salt og tilsæt 50 g/2 oz/½ kop til frugt. Pisk spæk og sukker til det er lyst og luftigt. Tilsæt gradvist æggene, pisk godt efter hver tilsætning. Tilsæt melasse og vaniljeessens. Tilsæt skiftevis kærnemælken og den resterende melblanding og pisk til en jævn masse. Tilsæt frugten. Hæld i en smurt og bagepapirbeklædt 25 cm/10 kageform og bag i en forvarmet ovn ved 140°C/275°F/gasmærke 1 i 2½ time, indtil en tandstik indsat i midten kommer ren ud. Lad afkøle i formen i 10 minutter og vend derefter ud på en rist for at køle af.

skær kage og returner den

Giver en kage på 20 cm

10 oz/12/3 kopper trail mix (frugtkage mix)

100 g smør eller margarine

150 ml/¼ stk/2/3 kop vand

1 sammenpisket æg

8 oz/2 kopper/225 g mel (all-purpose)

en knivspids salt

100 g flormelis (super fint)

Kom frugt, smør eller margarine og vand i en gryde og kog ved svag varme i 20 minutter. Lad afkøle. Tilsæt ægget og tilsæt gradvist mel, salt og sukker. Hæld i en smurt kageform (20 cm/8in) og bag i en forvarmet ovn ved 160°C/325°F/gasmærke 3 i 1¼ time, indtil en tandstik indsat i midten kommer ren ud.

Dundee kage

Giver en kage på 20 cm

8 oz/225 g/1 kop smør eller margarine, blødgjort

8 oz/225 g/1 kop pulveriseret sukker (superfint)

4 store æg

8 oz/2 kopper/225 g mel (all-purpose)

en knivspids salt

12 oz/350 g/2 kopper ribs

12 oz/350 g/2 kopper sultanas (gyldne rosiner)

6 oz/175 g/1 kop blandet (kandiseret) hakket skal

4 oz/100 g/1 kop kandiserede (kandiserede) kirsebær, i kvarte

revet skal af ½ citron

2 oz/50 g hele mandler, blancherede

Pisk smør og sukker, indtil det er lyst og lyst. Pisk æggene i et ad gangen, pisk godt mellem hver tilsætning. Tilsæt mel og salt. Tilsæt frugt og citronskal. Hak halvdelen af mandlerne fint og tilsæt dem til blandingen. Hæld i en smurt og bagepapirbeklædt 8/20 cm kagedåse (form) og bind en strimmel brunt papir rundt om ydersiden af formen, så den er cirka 5 cm højere end formen. Hak de reserverede mandler fint og anret dem i koncentriske cirkler oven på kagen. Bag i en forvarmet ovn ved 150°C/300°F/gasmærke 2 i 3½ time, indtil en tandstik indsat i midten kommer ren ud. Tjek efter 2½ time, og hvis kagen begynder at blive brun på toppen,

Æggefri frugtkage natten over

Giver en kage på 20 cm

2 oz/50 g/¼ kop smør eller margarine

8 oz/225 g/2 kopper selvhævende mel

5 ml/1 tsk bagepulver (natriumbicarbonat)

5ml/1 tsk revet muskatnød

5 ml / 1 tsk malet blandet krydderi (æblekage)

en knivspids salt

8 oz/11/3 kopper trail mix (frugtkage mix)

100 g/4 oz/½ kop blødt brun farin

250 ml mælk

Gnid smørret eller margarinen ind i mel, bagepulver, krydderier og salt, indtil blandingen minder om brødkrummer. Bland frugt og sukker, og tilsæt derefter mælken, indtil alle ingredienserne er godt blandet. Dæk til og lad stå natten over.

Hæld blandingen i en smurt og pergamentbeklædt 20 cm / 8 tommer kageform og bag i en forvarmet ovn ved 180 °C / 350 °F / Gas Mark 4 i 1¾ time, indtil en tandstik indsat i midten kommer ren ud.

ufejlbarlig frugtkage

Giver en kage på 23 cm

8 oz/225 g/1 kop smør eller margarine

7 oz/200 g/lille 1 kop pulveriseret sukker (superfint)

175 g ribs

6 oz/175 g/1 kop rosiner (guldrosiner)

2 oz/50 g/½ kop hakket blandet (kandiseret) skræl

75 g/3 oz/½ kop udstenede (udstenede) dadler, finthakket

5 ml/1 tsk bagepulver (natriumbicarbonat)

200 ml/7 fl oz/knap 1 kop vand

2 oz/75 g/¼ kop kandiserede (kandiserede) kirsebær, hakket

4 oz/100 g/1 kop hakkede blandede nødder

60 ml / 4 spsk brandy eller sherry

11 oz/300 g/2¾ kopper almindeligt mel (alle formål).

5 ml/1 tsk bagepulver

en knivspids salt

2 æg, let pisket

Smelt smør eller margarine, og tilsæt derefter sukker, ribs, rosiner, blandet skal og dadler. Bland natron med lidt vand og tilsæt frugtblandingen med det resterende vand. Bring det i kog og lad det simre i 20 minutter, mens der røres af og til. Dæk til og lad stå natten over.

Smør og beklæd en 23 cm kageform og bind et dobbelt lag fedtsugende (voks) eller brunt papir, så det passer til toppen af formen. Tilsæt de kandiserede kirsebær, valnødder og brandy eller sherry til blandingen, og tilsæt derefter mel, bagepulver og salt. Tilsæt æggene. Hæld i det tilberedte tærtefad og bag i en forvarmet ovn ved 160°C/325°F/gasmærke 3 i 1 time. Reducer ovntemperaturen til 140°C/275°F/gasmærke 1 og bag i 1 time mere. Reducer ovntemperaturen tilbage til 120°C/250°F/½ gasmærke og bag i yderligere 1 time, indtil en tandstik indsat i midten kommer ren ud. Mod slutningen af bagetiden dækkes toppen af kagen med en cirkel fedtsugende eller brunt papir, hvis den bliver for brun.

Ingefær frugtkage

Giver en kage på 18 cm

100 g smør eller margarine, blødgjort

100 g flormelis (super fint)

2 æg, let pisket

30 ml/2 spsk mælk

8 oz/225 g/2 kopper selvhævende mel

5 ml/1 tsk bagepulver

10 ml/2 tsk malet blandet krydderi (æblekage)

5 ml/1 tsk malet ingefær

100 g rosiner

100 g/4 oz/2/3 kop rosiner (gyldne rosiner)

Fløde smør eller margarine og sukker til det er lyst og luftigt. Bland gradvist æg og mælk i, tilsæt derefter mel, bagepulver og krydderier og derefter frugten. Hæld blandingen i en smurt og foret 18 cm/7 tærteform og bag i en forvarmet ovn ved 160°C/325°F/Gas Mark 3 i 1¼ time, indtil den er gennemhævet og gyldenbrun.

Frugtkage med markhonning

Giver en kage på 20 cm

6 oz/175 g/2/3 kop smør eller margarine, blødgjort

175 g/6 oz/½ kop lys honning

revet skal af 1 citron

3 æg, let pisket

8 oz/2 kopper/225 g fuldkornshvedemel (fuldkornshvede)

10 ml/2 tsk bagepulver

5 ml / 1 tsk malet blandet krydderi (æblekage)

100 g rosiner

100 g/4 oz/2/3 kop rosiner (gyldne rosiner)

100 g ribs

1/3 kop/2 oz/50 g spiseklare tørrede abrikoser, hakket

1/3 kop/2 oz/50 g blandet (kandiseret) hakket skal

1 oz/25 g/¼ kop malede mandler

1 oz/25 g/¼ kop mandler

Fløde smør eller margarine, honning og citronskal til det er let og luftigt. Tilsæt gradvist æggene, og tilsæt derefter mel, bagepulver og blandede krydderier. Tilsæt frugten og de malede mandler. Hæld i en smurt og bagepapirbeklædt kageform på 8/20 cm og lav en fordybning i midten. Arranger mandlerne rundt om den øverste kant af kagen. Bages i en forvarmet ovn ved 160°C/325°F/gasmærke 3 i 2-2½ time, indtil en tandstik indsat i midten kommer ren ud. Mod slutningen af bagetiden dækkes toppen af kagen med fedtsugende (voks)papir, hvis den bliver for brun. Lad den køle af i formen i 10 minutter, inden den vendes på en rist til afkøling.

genua kage

Giver en kage på 23 cm

8 oz/225 g/1 kop smør eller margarine, blødgjort

100 g flormelis (super fint)

4 æg, adskilt

5 ml/1 tsk mandelessens (ekstrakt)

5 ml/1 tsk revet appelsinskal

8 oz/225 g/11/3 kopper hakkede rosiner

100 g hakkede røde ribs

4 oz/100 g/2/3 kop sultanas (gyldne rosiner), hakket

2 oz/50 g/¼ kop kandiserede (kandiserede) kirsebær, hakket

1/3 kop/2 oz/50 g blandet (kandiseret) hakket skal

4 oz/100 g/1 kop malede mandler

1 oz/25 g/¼ kop mandler

12 oz/350 g/3 kopper almindeligt mel (alle formål).

10 ml/2 tsk bagepulver

5 ml/1 tsk stødt kanel

Pisk smør eller margarine og sukker, og tilsæt derefter æggeblommer, mandelessens og appelsinskal. Vend frugterne og nødderne med lidt mel, indtil de er dækket, og tilsæt derefter spiseskefulde mel, bagepulver og kanel skiftevis med spiseskefulde af frugtblandingen, indtil de er godt blandet. Pisk æggehviderne stive og tilsæt dem til blandingen. Hæld i en smurt og bagepapirbeklædt 9/23 cm kageform og bag i en forvarmet ovn ved 190°C/375°F/Gas Mark 5 i 30 minutter, reducer derefter ovntemperaturen til 160°C/325°F/ Gas Mark 3 1½ time indtil den er fjedrende at røre ved og en tandstikker i midten kommer ren ud. Lad afkøle i formen.

glaseret frugtkage

Giver en kage på 23 cm

8 oz/225 g/1 kop smør eller margarine, blødgjort

8 oz/225 g/1 kop pulveriseret sukker (superfint)

4 æg, let pisket

45 ml/3 spiseskefulde cognac

9 oz/1¼ kopper/250 g mel (all-purpose).

2,5 ml/½ teskefuld bagepulver

en knivspids salt

8 oz/225 g/1 kop kandiseret (kandiseret) frugt såsom kirsebær, ananas, appelsiner, figner, skåret i skiver

100 g rosiner

100 g/4 oz/2/3 kop rosiner (gyldne rosiner)

75 g ribs

2 oz/50 g/½ kop hakkede blandede nødder

revet skal af 1 citron

Fløde smør eller margarine og sukker til det er lyst og luftigt. Bland gradvist æg og cognac i. Bland de resterende ingredienser i en separat skål, indtil frugten er godt belagt med mel. Rør blandingen i og bland godt. Hæld i en smurt 23 cm/9in kageform og bag i en forvarmet ovn ved 180°C/350°F/gasmærke 4 i 30 minutter. Reducer ovntemperaturen til 150°C/300°F/gasmærke 3 og bag i yderligere 50 minutter, eller indtil en tandstik indsat i midten kommer ren ud.

Guinness Frugtkage

Giver en kage på 23 cm

8 oz/225 g/1 kop smør eller margarine

8 oz/225 g/1 kop blødt brun farin

300 ml Guinness eller stout

8 oz/11/3 kopper/225 g rosiner

225 g/8 oz/11/3 kopper rosiner (gyldne rosiner)

225 g/8 oz/11/3 kopper ribs

4 oz/100 g/2/3 kop blandet (kandiseret) hakket skal

550 g / 1¼ lb / 5 kopper mel (all-purpose).

2,5 ml/½ tsk bagepulver (natriumbicarbonat)

5 ml / 1 tsk malet blandet krydderi (æblekage)

2,5 ml/½ tsk revet muskatnød

3 æg, let pisket

Bring smør eller margarine, sukker og Guinness i kog i en lille gryde ved svag varme og rør, indtil det er godt blandet. Kombiner frugten og det blandede skal, bring det i kog og lad det simre i 5 minutter. Fjern fra varmen og lad afkøle.

Bland mel, bagepulver og krydderier og lav en fordybning i midten. Tilsæt frisk frugtblanding og æg og bland, indtil det er godt blandet. Hæld i en smurt og foret 23 cm/9 kageform, og bag i en forvarmet ovn ved 160°C/325°F/gasmærke 3 i 2 timer, indtil en tandstik indsat i midten kommer ren ud. Lad afkøle i formen i 20 minutter og vend derefter ud på en rist til afkøling.

Hakket tærte

Giver en kage på 20 cm

8 oz/225 g/2 kopper selvhævende mel

12 oz/350 g/2 kopper hakket oksekød

½ kop/3 oz/75 g trail mix (frugtkage mix)

3 æg

5 oz/150 g/2/3 kop blød margarine

5 oz/150 g/2/3 kop blødt brun farin

Bland alle ingredienser, indtil det er godt blandet. Vend i en smurt og foret tærteform på 20 cm/8 og bag i en forvarmet ovn ved 160°C/325°F/gasmærke 3 i 1¾ time, indtil den er hævet godt og fast at røre ved.

Havregryn Abrikos Frugtkage

Giver en kage på 20 cm

¾ kop/6 oz/175 g smør eller margarine, blødgjort

2 oz/50 g/¼ kop blødt brun farin

30 ml/2 spsk lys honning

3 sammenpisket æg

¼ kopper/6 oz/175 g fuldkornshvedemel (fuldkornshvede)

50 g/2 oz/½ kop havregryn

10 ml/2 tsk bagepulver

9 oz/1½ kopper/250 g trail mix (frugtkagemix)

1/3 kop/2 oz/50 g spiseklare tørrede abrikoser, hakket

revet skal og saft af 1 citron

Pisk smør eller margarine og sukker med honning til det er lyst og luftigt. Pisk langsomt æggene på skift med mel og bagepulver. Tilsæt tørret frugt og citronsaft og -skal. Hæld i en smurt og pergamentbeklædt 20 cm/8in kageform og bag i en forvarmet ovn ved 180°C/350°F/gasmærke 4 i 1 time. Reducer ovntemperaturen til 160°C/325°F/gasmærke 3 og bag i yderligere 30 minutter, eller indtil en tandstik indsat i midten kommer ren ud. Dæk toppen med bagepapir, hvis kagen begynder at brune for hurtigt.

Frugtkage om natten

Giver en kage på 20 cm

450 g/1 lb/4 kopper almindeligt mel (all-purpose).

225 g/8 oz/11/3 kopper ribs

225 g/8 oz/11/3 kopper rosiner (gyldne rosiner)

8 oz/225 g/1 kop blødt brun farin

1/3 kop/2 oz/50 g blandet (kandiseret) hakket skal

¾ kop / 6 oz / 175 g shortening (vegetabilsk shortening)

15 ml/1 spsk gylden sirup (lys majs)

10 ml / 2 tsk natron (bagepulver)

15 ml/1 spsk mælk

300 ml vand

Bland mel, frugt, sukker og skal. Smelt spæk og sirup og rør i blandingen. Opløs natron i mælken og rør i kagedejen med vandet. Hæld i en smurt 20 cm/8 tommer kageform, dæk til og lad hæve natten over.

Bag kagen i en forvarmet ovn ved 160C/gasmærke 3 i 1¾ time, indtil en tandstik indsat i midten kommer ren ud.

rosin og krydderkage

Giver et 900g/2lb brød

8 oz/225 g/1 kop blødt brun farin

300 ml vand

100 g smør eller margarine

15 ml/1 spiseskefuld blackstrap melasse (melasse)

6 oz/175 g/1 kop rosiner

5 ml/1 tsk stødt kanel

2,5 ml/½ tsk revet muskatnød

2,5 ml/½ tsk allehånde

8 oz/2 kopper/225 g mel (all-purpose)

5 ml/1 tsk bagepulver

5 ml/1 tsk bagepulver (natriumbicarbonat)

Smelt sukker, vand, smør eller margarine, melasse, rosiner og krydderier i en lille gryde ved middel varme under konstant omrøring. Bring det i kog og lad det simre i 5 minutter. Fjern fra varmen og tilsæt de resterende ingredienser. Hæld blandingen i en smurt og foret 900g/2lb brødform og bag i en forvarmet ovn ved 180°C / 350°F / Gas Mark 4 i 50 minutter, indtil en tandstik indsat i midten kommer ren ud.

richmond pie

Laver en kage på 15 cm

8 oz/2 kopper/225 g mel (all-purpose)

en knivspids salt

3 oz/75 g/1/3 kop smør eller margarine

100 g flormelis (super fint)

2,5 ml/½ teskefuld bagepulver

100 g ribs

2 sammenpisket æg

Lidt mælk

Kom mel og salt i en skål og gnid smør eller margarine i, indtil blandingen minder om brødkrummer. Tilsæt sukker, bagepulver og ribs. Tilsæt æggene og nok mælk til at blande, indtil du har en tyk dej. Form til en smurt og bagepapirbeklædt kageform på 15 cm. Bag i en forvarmet ovn ved 190°C/375°F/gasmærke 5 i ca. 45 minutter, indtil en tandstik indsat i midten kommer ren ud. Lad afkøle på en rist.

Safran Frugtkage

Laver to 450 g kager

2,5 ml/½ tsk safran tråde

Varmt vand

½ oz/15 g frisk gær eller 4 tsk/20 ml tørgær

2 lbs/8 kopper/900 g mel (all-purpose)

8 oz/225 g/1 kop pulveriseret sukker (superfint)

2,5 ml/½ tsk malede blandede urter (æblekage)

en knivspids salt

100 g shortening (vegetabilsk shortening)

100 g smør eller margarine

300 ml varm mælk

12 oz/350 g/2 kopper trail mix (frugtkage mix)

50 g / 2 oz / 1/3 kop blandet (kandiseret) hakket skal

Hak safranetrådene fint og læg dem i blød natten over i 3 spsk/45 ml lunkent vand.

Bland gæren med 30 ml/2 spsk mel, 5 ml/1 tsk sukker og 75 ml/5 spsk varmt vand og lad det skumme et lunt sted i 20 minutter.

Bland resten af melet og sukkeret med krydderierne og salt. Gnid spæk og smør eller margarine sammen, indtil blandingen ligner brødkrummer, og lav derefter en fordybning i midten. Tilsæt gærblandingen, safran og flydende safran, varm mælk, frugt og blandet skal og bland til en jævn masse. Læg den i en oliesmurt beholder, dæk med husholdningsfilm (plastfolie) og lad den stå et lunt sted i 3 timer.

Form til to brød, læg dem i to smurte brødforme på 450 g og bag dem i en forvarmet ovn ved 220°C/450°F/gasmærke 7 i 40 minutter, indtil de er gennemhævet og gyldenbrune.

Sodafrugtkage

Laver en kage på 450 g

8 oz/2 kopper/225 g mel (all-purpose)

1,5 ml/¼ teskefuld salt

En knivspids bagepulver (bagepulver)

2 oz/50 g/¼ kop smør eller margarine

2 oz/50 g/¼ kop pulveriseret sukker (superfint)

4 oz/100 g/2/3 kop trail mix (frugtkageblanding)

150 ml/¼ pt/2/3 kop syrnet mælk eller mælk med 5 ml/1 tsk citronsaft

5 ml / 1 tsk blackstrap melasse (melasse)

Bland mel, salt og natron i en skål. Gnid smør eller margarine i, indtil blandingen ligner brødkrummer. Tilsæt sukker og frugt og bland godt. Opvarm mælken og melassen, indtil melassen er smeltet, og tilsæt derefter de tørre ingredienser og bland til den er tyk. Hæld i en smurt brødform (450g/1lb) og bag i en forvarmet ovn ved 190°C/375°F/gasmærke 5 i ca. 45 minutter, indtil de er gyldenbrune.

hurtig frugtkage

Giver en kage på 20 cm

1 lb/450 g/22/3 kopper blandet tørret frugt (frugtkageblanding)

8 oz/225 g/1 kop blødt brun farin

100 g smør eller margarine

150 ml/¼ stk/2/3 kop vand

2 sammenpisket æg

8 oz/225 g/2 kopper selvhævende mel

Bring frugt, sukker, smør eller margarine og vand i kog, læg låg på og lad det simre i 15 minutter. Lad afkøle. Tilsæt æg og mel, hæld i en smurt og bagepapirbeklædt tærteform på 8/20 cm og bag i en forvarmet ovn ved 150°C/300°F/gasmærke 3 i 1½ time, indtil den er gyldenbrun og krymper. væk fra siderne af dåsen.

frugtkage med varm te

Laver en kage på 900 g

1 lb/2½ kopper/450 g trail mix (frugtkageblanding)

300 ml varm sort te

10 oz/350 g/1¼ kopper blødt brun farin

10 oz/350 g/2½ kopper selvhævende mel

1 sammenpisket æg

Læg frugten i den varme te og lad den trække natten over. Tilsæt sukker, mel og æg og form en smurt og papirbeklædt 900g/2lb brødform. Bages i en forvarmet ovn ved 160°C/325°F/gasmærke 3 i 2 timer, indtil de er gennemhævet og gyldenbrune.

Kold te frugtkage

Laver en kage på 15 cm

100 g smør eller margarine

8 oz/11/3 kopper trail mix (frugtkage mix)

250 ml kold sort te

8 oz/225 g/2 kopper selvhævende mel

100 g flormelis (super fint)

5 ml/1 tsk bagepulver (natriumbicarbonat)

1 stort æg

Smelt smør eller margarine i en gryde, tilsæt frugt og te og bring det i kog. Kog i 2 minutter og lad afkøle. Tilsæt de resterende ingredienser og bland godt. Hæld i en smurt og bagepapirbeklædt 15 cm/6 kageform og bag i en forvarmet ovn ved 160°C/325°F/gasmærke 3 i 1¼-1½ time, indtil den er fast at røre ved. Lad afkøle og server i skiver og smør.

sukkerfri frugtkage

Giver en kage på 20 cm

4 tørrede abrikoser

60 ml/4 spiseskefulde appelsinjuice

250 ml stout

100 g/4 oz/2/3 kop rosiner (gyldne rosiner)

100 g rosiner

2 oz/50 g/¼ kop ribs

2 oz/50 g/¼ kop smør eller margarine

8 oz/225 g/2 kopper selvhævende mel

3 oz/75 g/¾ kop hakkede blandede nødder

10 ml/2 tsk malet blandet krydderi (æblekage)

5 ml/1 tsk instant kaffepulver

3 æg, let pisket

15 ml/1 spsk brandy eller whisky

Udblød abrikoserne i appelsinsaften, indtil de er bløde, og hak dem fint. Kom stoutkødet, tørret frugt og smør eller margarine i en gryde, bring det i kog og lad det simre i 20 minutter. Lad afkøle.

Bland mel, nødder, krydderier og kaffe. Bland den faste blanding, æg og cognac eller whisky. Hæld blandingen i en smurt og foret 20 cm/8 tærteform og bag i en forvarmet ovn ved 180°C/350°F/gasmærke 4 i 20 minutter. Reducer ovntemperaturen til 150°C/300°F/gasmærke 2 og bag i yderligere 1,5 time, eller indtil en tandstik indsat i midten kommer ren ud. Dæk toppen med fedtsugende (voks)papir mod slutningen af kogetiden, hvis den bruner for meget. Lad den køle af i formen i 10 minutter, inden den vendes på en rist til afkøling.

små frugtkager

48 siden

100 g smør eller margarine, blødgjort

8 oz/225 g/1 kop blødt brun farin

2 æg, let pisket

175 g/6 oz/1 kop udstenede (udstenede) dadler, hakket

2 oz/50 g/½ kop hakkede blandede nødder

15 ml/1 spsk revet appelsinskal

8 oz/2 kopper/225 g mel (all-purpose)

5 ml/1 tsk bagepulver (natriumbicarbonat)

2,5 ml/½ teskefuld salt

150 ml kærnemælk

6 glaserede kirsebær (kandiserede), skåret i skiver

Orange Frugtkage Frosting

Fløde smør eller margarine og sukker til det er lyst og luftigt. Pisk æggene lidt efter lidt. Tilsæt dadler, valnødder og appelsinskal. Bland mel, bagepulver og salt. Tilsæt til blandingen skiftevis med kærnemælken og pisk indtil godt blandet. Hæld i smurte 2/2 tommer muffinforme (muffinforme) og pynt med kirsebærene. Bag i en forvarmet ovn ved 190°C/375°F/gasmærke 5 i 20 minutter, indtil en tandstik indsat i midten kommer ren ud. Overfør til en rist og lad den varme, og pensl derefter med orange glasur.

kage med frugteddike

Giver en kage på 23 cm

8 oz/225 g/1 kop smør eller margarine

450 g/1 lb/4 kopper almindeligt mel (all-purpose).

225 g/8 oz/11/3 kopper rosiner (gyldne rosiner)

100 g rosiner

100 g ribs

8 oz/225 g/1 kop blødt brun farin

5 ml/1 tsk bagepulver (natriumbicarbonat)

300 ml mælk

45 ml/3 spiseskefulde malteddike

Gnid smørret eller margarinen ind i melet, indtil blandingen minder om brødkrummer. Tilsæt frugt og sukker og lav en fordybning i midten. Bland bagepulver, mælk og eddike; blandingen vil skumme. Tilsæt tørre ingredienser, indtil det er godt blandet. Hæld blandingen i en smurt og bagepapirbeklædt 9/23 cm kageform og bag i en forvarmet ovn ved 200°C/400°F/gasmærke 6 i 25 minutter. Reducer ovntemperaturen til 160°C/325°F/gasmærke 3 og bag i yderligere 1½ time, indtil den er gyldenbrun og fast at røre ved. Lad afkøle i formen i 5 minutter og vend derefter ud på en rist for at køle af.

Virginia whisky kage

Laver en kage på 450 g

100 g smør eller margarine, blødgjort

2 oz/50 g/¼ kop pulveriseret sukker (superfint)

3 æg, adskilt

1½ kopper/175 g mel (alle formål)

5 ml/1 tsk bagepulver

En knivspids revet muskatnød

En knivspids malet mace

Port på 120 ml/4 fl oz/½ kop

30 ml/2 spsk brandy

4 oz/100 g/2/3 kop trail mix (frugtkageblanding)

120 ml/4 fl oz/½ kop whisky

Pisk smør og sukker til det er glat. Bland æggeblommerne. Bland mel, bagepulver og krydderier og rør i blandingen. Tilsæt portvin, brandy og tørret frugt. Pisk æggehviderne, indtil de danner bløde toppe, og vend dem derefter ind i blandingen. Hæld i en smurt 450g/1lb brødform og bag i en forvarmet ovn ved 160°C/325°F/gasmærke 3 i 1 time, indtil en tandstik indsat i midten kommer ren ud. Lad den køle af i gryden, hæld derefter whiskyen over kagen og lad den stå i gryden i 24 timer, inden den skæres i skiver.

Walisisk frugttærte

Giver en kage på 23 cm

2 oz/50 g/¼ kop smør eller margarine

2 oz/50 g/¼ kop shortening (vegetabilsk shortening)

8 oz/2 kopper/225 g mel (all-purpose)

en knivspids salt

10 ml/2 tsk bagepulver

100 g/4 oz/½ kop demerara sukker

6 oz/175 g/1 kop trail mix (frugtkageblanding)

Revet skal og saft af ½ citron

1 æg, let pisket

30 ml/2 spsk mælk

Gnid smør eller margarine og spæk ind i mel, salt og bagepulver, indtil blandingen minder om brødkrummer. Tilsæt sukker, frugt, citronskal og saft, bland æg og mælk i og ælt til en jævn dej. Form en smurt og pergamentbeklædt 23 cm / 9 tommer firkantet bageform og bag i en forvarmet ovn ved 200 °C / 400 °F / Gasmærke 6 i 20 minutter, indtil den er hævet og gyldenbrun.

hvid frugttærte

Giver en kage på 23 cm

100 g smør eller margarine, blødgjort

8 oz/225 g/1 kop pulveriseret sukker (superfint)

5 æg, let pisket

12 oz/350 g/2 kopper blandede nødder

12 oz/350 g/2 kopper sultanas (gyldne rosiner)

100 g/4 oz/2/3 kop udstenede (udstenede) dadler, hakket

4 oz/100 g/½ kop kandiserede (kandiserede) kirsebær, hakket

100 g kandiseret ananas (glacé), finthakket

4 oz/100 g/1 kop hakkede blandede nødder

8 oz/2 kopper/225 g mel (all-purpose)

10 ml/2 tsk bagepulver

2,5 ml/½ teskefuld salt

60 ml/4 spsk ananasjuice

Fløde smør eller margarine og sukker til det er lyst og luftigt. Tilsæt gradvist æggene, pisk godt efter hver tilsætning. Bland al frugt, nødder og lidt mel, indtil ingredienserne er godt belagt med mel. Bland bagepulver og salt i det resterende mel, og vend det derefter i æggeblandingen, skiftevis med ananasjuice, indtil det er ensartet. Tilsæt frugten og bland godt. Hæld i en smurt og foret 23 cm/9 kageform og bag i en forvarmet ovn ved 140°C/275°F/gasmærke 1 i ca. 2½ time, indtil en tandstik indsat i midten kommer ren ud. Lad den køle af i formen i 10 minutter, inden den vendes på en rist til afkøling.

æbletærte

Giver en kage på 20 cm

1½ kopper / 6 oz / 175 g selvhævende mel

5 ml/1 tsk bagepulver

en knivspids salt

5 oz/150 g/2/3 kop smør eller margarine

5 oz/150 g/2/3 kop pulveriseret (superfint) sukker

1 sammenpisket æg

175 ml mælk

3 spiseæbler (til dessert), skrællet, udkernet og skåret i skiver

2,5 ml/½ tsk stødt kanel

15 ml/1 spiseskefuld lys honning

Bland mel, bagepulver og salt. Gnid smør eller margarine i, indtil blandingen ligner brødkrummer, og tilsæt derefter sukkeret. Bland æg og mælk. Hæld blandingen i en smurt og bagepapirsbeklædt kageform på 8/20 cm og tryk forsigtigt æbleskiverne derpå. Drys med kanel og dryp med honning. Bages i en forvarmet ovn ved 200°C/400°F/gasmærke 6 i 45 minutter, indtil den er gyldenbrun og fast at røre ved.

Krydret æbletærte med sprød topping

Giver en kage på 20 cm

3 oz/75 g/1/3 kop smør eller margarine

1½ kopper / 6 oz / 175 g selvhævende mel

2 oz/50 g/¼ kop pulveriseret sukker (superfint)

1 æg

75 ml/5 spiseskefulde vand

3 spiseæbler (til dessert), skrællet, udkernet og skåret i tern

Til omslaget:

3 oz/75 g/1/3 kop demerara sukker

10 ml/2 tsk stødt kanel

1 oz/25 g/2 spsk smør eller margarine

Gnid smørret eller margarinen ind i melet, indtil blandingen minder om brødkrummer. Tilsæt sukker og bland æg og vand til en jævn dej. Tilsæt lidt vand, hvis blandingen er for tør. Rul dejen ud i en tærteform på 20 cm og tryk æblerne ned i dejen. Drys med demerara sukker og kanel og smag til med smør eller margarine. Bages i en forvarmet ovn ved 180°C/350°F/gasmærke 4 i 30 minutter, indtil den er gyldenbrun og fast at røre ved.

Amerikansk æblekage

Giver en kage på 20 cm

2 oz/50 g/¼ kop smør eller margarine, blødgjort

8 oz/225 g/1 kop blødt brun farin

1 æg, let pisket

5 ml/1 tsk vaniljeessens (ekstrakt)

1 kop/4 oz/100 g mel (all-purpose).

2,5 ml/½ teskefuld bagepulver

2,5 ml/½ tsk bagepulver (natriumbicarbonat)

2,5 ml/½ teskefuld salt

2,5 ml/½ tsk stødt kanel

2,5 ml/½ tsk revet muskatnød

450 g spiselige (dessert) æbler, skrællet, udkernet og skåret i tern

1 oz/25 g/¼ kop hakkede mandler

Fløde smør eller margarine og sukker til det er lyst og luftigt. Tilsæt gradvist æg og vaniljeessens. Bland mel, bagepulver, bagepulver, salt og krydderier og pisk i blandingen, indtil det er blandet. Tilsæt æbler og valnødder. Hæld i en smurt og bagepapirbeklædt 20 cm / 8in firkantet bageform og bag i en forvarmet ovn ved 180 °C / 350 °F / Gas Mark 4 i 45 minutter, indtil en tandstik indsat i midten kommer ren ud.

Æblemos kage

Laver en kage på 900 g

100 g smør eller margarine, blødgjort

8 oz/225 g/1 kop blødt brun farin

2 æg, let pisket

8 oz/2 kopper/225 g mel (all-purpose)

5 ml/1 tsk stødt kanel

2,5 ml/½ tsk revet muskatnød

4 oz/100 g/1 kop æblemos (sovs)

5 ml/1 tsk bagepulver (natriumbicarbonat)

30 ml/2 spsk varmt vand

Fløde smør eller margarine og sukker til det er lyst og luftigt. Bland gradvist æggene i. Tilsæt mel, kanel, muskatnød og æblemos. Bland natron med det varme vand og rør i blandingen. Hæld i en smurt 900g/2lb brødform og bag i en forvarmet ovn ved 180°C/350°F/gasmærke 4 i 1¼ time, indtil en tandstik indsat i midten klikker på plads.

æblecider tærte

Giver en kage på 20 cm

100 g smør eller margarine, blødgjort

5 oz/150 g/2/3 kop pulveriseret (superfint) sukker

3 æg

8 oz/225 g/2 kopper selvhævende mel

5 ml / 1 tsk malet blandet krydderi (æblekage)

5 ml/1 tsk bagepulver (natriumbicarbonat)

5 ml/1 tsk bagepulver

150 ml tør cider

2 kogeæbler (sure), skrællede, udkernede og skåret i skiver

3 oz/75 g/1/3 kop demerara sukker

4 oz/100 g/1 kop hakkede blandede nødder

Bland smør eller margarine, sukker, æg, mel, krydderier, bagepulver, bagepulver og 120 ml/4 fl oz/½ kop cider, indtil det er godt blandet, tilsæt eventuelt resterende cider for at lave en jævn dej. Hæld halvdelen af blandingen i en smurt og bagepapirbeklædt 8/20 cm kageform og dæk med halvdelen af æbleskiverne. Bland sukker og nødder sammen og del halvdelen over æblerne. Hæld den resterende kageblanding i og pynt med de resterende æbler og resten af sukker-valnøddeblandingen. Bages i en forvarmet ovn ved 180°C/350°F/gasmærke 4 i 1 time, indtil den er gyldenbrun og fast at røre ved.

Æble-kanel kage

Giver en kage på 23 cm

100 g smør eller margarine

100 g flormelis (super fint)

1 æg, let pisket

1 kop/4 oz/100 g mel (all-purpose).

5 ml/1 tsk bagepulver

30 ml/2 spsk mælk (valgfrit)

2 store kogeæbler (sure), skrællede, udkernede og skåret i skiver

30 ml/2 spsk flormelis (superfint) sukker

5 ml/1 tsk stødt kanel

1 oz/25 g/¼ kop hakkede mandler

30 ml/2 spsk demerara sukker

Fløde smør eller margarine og sukker til det er lyst og luftigt. Pisk gradvist ægget i, og tilsæt derefter mel og bagepulver. Blandingen skal være ret stiv; hvis den er for stiv, tilsæt lidt mælk. Hæld halvdelen af blandingen i en smurt og bagepapirbeklædt 9/23 cm løsbundet kagedåse (form). Arranger æbleskiverne ovenpå. Bland sukker og kanel og drys mandlerne over æblerne. Top med den resterende kageblanding og drys med demerara sukker. Bag i en forvarmet ovn ved 180°C/350°F/gasmærke 4 i 30-35 minutter, indtil en tandstik indsat i midten kommer ren ud.

Spansk æbletærte

Giver en kage på 23 cm

6 oz/175 g/¾ kop smør eller margarine

6 Cox's spiser (dessert) æbler, skrællet, udkernet og skåret i tern

30 ml/2 spsk æblebrandy

6 oz/175 g/¾ kop pulveriseret sukker (superfint)

1¼ kopper / 5 oz / 150 g almindeligt (all-purpose) mel

10 ml/2 tsk bagepulver

5 ml/1 tsk stødt kanel

3 æg, let pisket

45 ml / 3 spsk mælk

Til glasuren:

60 ml/4 spsk abrikosmarmelade (konserveret), siet (sigtet)

15 ml/1 spsk æblebrandy

5 ml/1 tsk majsmel (majsstivelse)

10 ml/2 tsk vand

Smelt smørret eller margarinen i en stor stegepande, og kog æblestykkerne ved svag varme i 10 minutter, mens du rører én gang for at dække med smørret. Kom ud af ilden. Skær en tredjedel af æblerne i stykker og tilsæt æblebrændevinen, bland derefter sukker, mel, bagepulver og kanel i. Tilsæt æg og mælk og hæld blandingen i en smurt og meldrysset kageform (9/23 cm). Læg de resterende æbleskiver ovenpå. Bag i en forvarmet ovn ved 180°C/350°F/gasmærke 4 i 45 minutter, indtil den er gennemhævet og gyldenbrun og begynder at krympe fra siderne af formen.

For at lave glasuren skal du varme marmelade og cognac sammen. Bland majsmel til en pasta med vandet og rør i marmelade og cognac. Kog i et par minutter under omrøring, indtil det er klart. Pensl den varme kage over og lad den køle af i 30 minutter. Fjern siderne af kageformen, opvarm frostingen igen og pensl en anden gang. Lad afkøle.

Æble- og sultanatærte

Giver en kage på 20 cm

12 oz/350 g/3 kopper selvhævende mel

en knivspids salt

2,5 ml/½ tsk stødt kanel

8 oz/225 g/1 kop smør eller margarine

6 oz/175 g/¾ kop pulveriseret sukker (superfint)

100 g/4 oz/2/3 kop rosiner (gyldne rosiner)

450 g kogende (sure) æbler, skrællet, udkernet og finthakket

2 æg

Lidt mælk

Bland mel, salt og kanel sammen og gnid smør eller margarine i, indtil blandingen minder om brødkrummer. Tilsæt sukkeret. Lav en brønd i midten og tilsæt rosiner, æbler og æg og bland godt, tilsæt lidt mælk for at lave en tyk blanding. Hæld i en smurt 20 cm/8in kageform og bag i en forvarmet ovn ved 180°C/350°F/gasmærke 4 i ca. 1½ til 2 timer, indtil den er fast at røre ved. Serveres varm eller kold.

omvendt æblekage

Giver en kage på 23 cm

2 spiseæbler (til dessert), skrællet, udkernet og skåret i tynde skiver

3 oz/75 g/1/3 kop blødt brun farin

45 ml/3 spiseskefulde rosiner

30 ml/2 spsk citronsaft

Til kagen:

1¾ kopper/200 g almindeligt (all-purpose) mel

2 oz/50 g/¼ kop pulveriseret sukker (superfint)

10 ml/2 tsk bagepulver

5 ml/1 tsk bagepulver (natriumbicarbonat)

5 ml/1 tsk stødt kanel

en knivspids salt

120 ml mælk

50 g æblemos (sovs)

75 ml / 5 spiseskefulde olie

1 æg, let pisket

5 ml/1 tsk vaniljeessens (ekstrakt)

Bland æbler, sukker, rosiner og citronsaft og læg i bunden af en smurt 9-tommers kageform. Bland de tørre ingredienser til kagen og lav en fordybning i midten. Kombiner mælk, æblemos, olie, æg og vaniljeessens og rør i de tørre ingredienser, indtil de er kombineret. Hæld i kageformen og bag i en forvarmet ovn ved 180°C/350°F/gasmærke 4 i 40 minutter, indtil kagen er gyldenbrun og trækker sig væk fra siderne af kageformen. Lad afkøle i formen i 10 minutter og vend derefter forsigtigt på en tallerken. Serveres varm eller kold.

Abrikosbrødskage

Giver et 900g/2lb brød

8 oz/225 g/1 kop smør eller margarine, blødgjort

8 oz/225 g/1 kop pulveriseret sukker (superfint)

2 æg, godt pisket

6 modne abrikoser, udstenede (udstenede), skrællede og knuste

11 oz/300 g/2¾ kopper almindeligt mel (alle formål).

5 ml/1 tsk bagepulver (natriumbicarbonat)

en knivspids salt

3 oz/75 g/¾ kop hakkede mandler

Smør eller margarine og sukker. Pisk gradvist æggene i, og tilsæt derefter abrikoserne. Pisk mel, bagepulver og salt sammen. Tilsæt nødderne. Hæld i en smurt og meldrysset brødform på 900 g/2lb og bag i en forvarmet ovn ved 180°C / 350°F / Gas Mark 4 i 1 time, indtil en tandstik indsat i midten kommer ren ud. Lad afkøle i formen, inden du tager den ud af formen.

Abrikos ingefær tærte

Giver en kage på 18 cm

4 oz/100 g/1 kop selvhævende mel

100 g/4 oz/½ kop blødt brun farin

10 ml/2 tsk malet ingefær

100 g smør eller margarine, blødgjort

2 æg, let pisket

100 g/4 oz/2/3 kop spiseklare tørrede abrikoser, hakket

50 g rosiner

Pisk mel, sukker, ingefær, smør eller margarine og æg til en jævn masse. Tilsæt abrikoser og rosiner. Hæld blandingen i en smurt og bagepapirbeklædt 18 cm/7 tærteform og bag i en forvarmet ovn ved 180°C/350°F/Gas Mark 4 i 30 minutter, indtil en tandstik indsat i midten kommer ren ud.

Beruset abrikostærte

Giver en kage på 20 cm

120 ml cognac eller rom

120 ml appelsinjuice

8 oz/11/3 kopper/225 g spiseklare tørrede abrikoser, hakkede

100 g/4 oz/2/3 kop rosiner (gyldne rosiner)

¾ kop/6 oz/175 g smør eller margarine, blødgjort

45 ml/3 spiseskefulde lys honning

4 æg, adskilt

1½ kopper / 6 oz / 175 g selvhævende mel

10 ml/2 tsk bagepulver

Bring brandy eller rom og appelsinjuice i kog med abrikoser og rosiner. Rør godt rundt, tag derefter af varmen og lad afkøle. Rør smør eller margarine og honning til cremet og rør gradvist æggeblommerne i. Tilsæt mel og bagepulver. Pisk æggehviderne stive og vend dem forsigtigt i blandingen. Hæld i en smurt og foret 20 cm/8 kageform og bag i en forvarmet ovn ved 180°C/350°F/gasmærke 4 i 1 time, indtil en tandstik indsat i midten kommer ren ud. Lad afkøle i formen.

Banan tærte

Giver en kage på 23 x 33 cm / 9 x 13 tommer

4 modne plantains, mosede

2 æg, let pisket

12 oz/350 g/1½ kopper flormelis (superfint)

120 ml olie

5 ml/1 tsk vaniljeessens (ekstrakt)

2 oz/50 g/½ kop hakkede blandede nødder

8 oz/2 kopper/225 g mel (all-purpose)

10 ml / 2 tsk natron (bagepulver)

5 ml/1 tsk salt

Pisk bananer, æg, sukker, olie og vanilje. Tilsæt de resterende ingredienser og rør, indtil det er blandet. Hæld i en 23 x 33 cm/9 x 13 tommer kageform og bag i en forvarmet ovn ved 180°C/350°F/Gas Mark 4 i 45 minutter, indtil en tandstik indsat i midten springer ud.

Banankage med sprød topping

Giver en kage på 23 cm

100 g smør eller margarine, blødgjort

11 oz/300 g/11/3 kopper pulveriseret sukker (superfint)

2 æg, let pisket

1½ kopper/175 g mel (alle formål)

2,5 ml/½ teskefuld salt

1,5 ml/½ tsk revet muskatnød

5 ml/1 tsk bagepulver (natriumbicarbonat)

75 ml / 5 spsk mælk

Få dråber vaniljeessens (ekstrakt)

4 bananer, mosede

Til omslaget:

2 oz/50 g/¼ kop demerara sukker

2 oz/50 g/2 kopper knuste cornflakes

2,5 ml/½ tsk stødt kanel

1 oz/25 g/2 spsk smør eller margarine

Fløde smør eller margarine og sukker til det er lyst og luftigt. Pisk gradvist æggene i, og tilsæt derefter mel, salt og muskatnød. Bland natron med mælk og vaniljeessens og rør i bananblandingen. Hæld i en smurt og bagepapirbeklædt 23 cm/9 firkantet kageform.

Til toppingen blandes sukker, cornflakes og kanel og smørret eller margarinen gnides i. Drys over kagen og bag i en forvarmet ovn ved 180°C/350°F/gasmærke 4 i 45 minutter, indtil den er fast at røre ved.

Banansvamp

Giver en kage på 23 cm

100 g smør eller margarine, blødgjort

100 g flormelis (super fint)

2 sammenpisket æg

2 store modne plantains, mosede

8 oz/225 g/1 kop selvhævende mel

45 ml / 3 spsk mælk

                    Til fyld og topping:

8 oz/225 g/1 kop flødeost

30 ml/2 spsk creme fraiche (surt mejeri)

4 oz/100 g tørrede plantain chips

Fløde smør eller margarine og sukker til det er blegt og luftigt. Tilsæt gradvist æggene, og tilsæt derefter bananer og mel. Blend mælken indtil blandingen har en flydende konsistens. Hæld i en smurt og foret 23 cm/9 kageform og bag i en forvarmet ovn ved 180°C/350°F/Gas Mark 4 i ca. 30 minutter, indtil en tandstik indsat i midten kommer ren ud. Overfør til en rist og lad afkøle, og skær derefter i halve vandret.

For at lave toppingen skal du blande flødeost og creme fraiche og bruge halvdelen af blandingen til at samle de to halvdele af kagen. Fordel resten af blandingen over og pynt med plantainchips.

Fiberrig banankage

Giver en kage på 18 cm

100 g smør eller margarine, blødgjort

2 oz/50 g/¼ kop blødt brun farin

2 æg, let pisket

4 oz/100 g/1 kop fuldkornshvedemel (fuldkornshvede)

10 ml/2 tsk bagepulver

2 bananer, mosede

Til fyldet:

8 oz/225 g/1 kop hytteost (mild hytteost)

5 ml/1 tsk citronsaft

15 ml/1 spiseskefuld lys honning

1 banan, skåret i skiver

Flormelis (flormelis), sigtet, til aftørring

Fløde smør eller margarine og sukker til det er lyst og luftigt. Pisk gradvist æggene i, og tilsæt derefter mel og bagepulver. Tilsæt forsigtigt plantainerne. Hæld blandingen i to smurte og forede 7"/18cm/7" kageforme og bag i en forvarmet ovn i 30 minutter, indtil den er fast at røre ved. Lad den køle af.

Til fyldet blandes flødeost, citronsaft og honning og fordeles over en af kagerne. Læg bananskiverne ovenpå og dæk med den anden kage. Server drysset med flormelis.

Banan og citron kage

Giver en kage på 18 cm

100 g smør eller margarine, blødgjort

6 oz/175 g/¾ kop pulveriseret sukker (superfint)

2 æg, let pisket

8 oz/225 g/2 kopper selvhævende mel

2 bananer, mosede

                    Til fyld og topping:

75 ml / 5 spiseskefulde lemon curd

2 bananer, skåret i skiver

45 ml/3 spsk citronsaft

4 oz/100 g/2/3 kop flormelis, sigtet

Fløde smør eller margarine og sukker til det er lyst og luftigt. Tilsæt gradvist æggene, pisk godt efter hver tilsætning, tilsæt derefter mel og bananer. Hæld blandingen i to smurte og forede 7/18 cm sandwichpander og bag i en forvarmet ovn ved 180°C/350°F/gasmærke 4 i 30 minutter. Fjern formen og lad køle af.

Sandwich kagerne sammen med lemon curd og halvdelen af bananskiverne. Dryp de resterende bananskiver med 15 ml/1 spsk citronsaft. Bland den resterende citronsaft med flormelis til en fast glasur (glasur). Fordel glasuren over kagen og pynt med bananskiverne.

Chokoladekage med bananblender

Giver en kage på 20 cm

8 oz/225 g/2 kopper selvhævende mel

2,5 ml/½ teskefuld bagepulver

1½ oz/40 g/3 spsk chokolademælkpulver

2 æg

60 ml / 4 spsk mælk

5 oz/150 g/2/3 kop pulveriseret (superfint) sukker

100 g blød margarine

2 modne plantains, hakket

Bland mel, bagepulver og chokolademælk. Blend de resterende ingredienser i en blender eller foodprocessor i cirka 20 sekunder; blandingen vil se krøllet ud. Hæld i de tørre ingredienser og bland godt. Vend i en smurt og foret tærteform på 20 cm/8 og bag i en forvarmet ovn ved 180°C/350°F/gasmærke 4 i ca. 1 time, indtil en tandstik indsat i midten kommer ren ud. Overfør til en rist til afkøling.

Jordnødde banankage

Laver en kage på 900 g

10 oz/275 g/2½ kopper almindeligt mel (alle formål).

8 oz/225 g/1 kop pulveriseret sukker (superfint)

4 oz/100 g/1 kop jordnødder, finthakkede

15 ml/1 spsk bagepulver

en knivspids salt

2 æg, adskilt

6 bananer, mosede

Revet skal og saft af 1 lille citron

2 oz/50 g/¼ kop smør eller margarine, smeltet

Bland mel, sukker, nødder, bagepulver og salt. Pisk æggeblommerne og rør dem i blandingen med bananer, citronskal og saft og smør eller margarine. Pisk æggehviderne stive og tilsæt dem til blandingen. Hæld i en smurt 900g/2lb brødform og bag i en forvarmet ovn ved 180°C/350°F/gasmærke 4 i 1 time, indtil en tandstik indsat i midten kommer ren ud.

Banan og rosinkage i ét

Laver en kage på 900 g

450 g modne plantains, mosede

2 oz/50 g/½ kop hakkede blandede nødder

120 ml solsikkeolie

100 g rosiner

3 oz/75 g/¾ kop havregryn

1¼ kopper / 5 oz / 150 g fuldkornshvedemel (fuld hvede)

1,5 ml/¼ teskefuld mandelessens (ekstrakt)

en knivspids salt

Blend alle ingredienser, indtil du får en jævn og fugtig blanding. Hæld i en smurt og foret brødform på 900 g/2lb og bag i en forvarmet ovn ved 190°C/375°F/gasmærke 5 i 1 time, indtil den er gyldenbrun og en tandstik indsat i midten kommer ren ud. . Lad den køle af i formen i 10 minutter, inden den tages ud af formen.

Banan whisky kage

Laver en 10/25 cm kage

8 oz/225 g/1 kop smør eller margarine, blødgjort

1 lb / 450 g / 2 kopper blødt brun farin

3 modne plantains, mosede

4 æg, let pisket

1½ kopper/175 g pekannødder, groft hakkede

225 g/8 oz/11/3 kopper rosiner (gyldne rosiner)

12 oz/350 g/3 kopper almindeligt mel (alle formål).

15 ml/1 spsk bagepulver

5 ml/1 tsk stødt kanel

2,5 ml/½ tsk malet ingefær

2,5 ml/½ tsk revet muskatnød

150 ml whisky

Fløde smør eller margarine og sukker til det er lyst og luftigt. Bland bananerne i og pisk derefter æggene gradvist i. Bland nødder og sultanas med en stor spiseskefuld mel, og bland derefter i en separat skål det resterende mel med bagepulver og krydderier. Rør melet skiftevis med whiskyen i den cremede blanding. Tilsæt nødder og rosiner. Hæld blandingen i en usmurt 25 cm/10in kageform og bag i en forvarmet ovn ved 180°C/350°F/Gas Mark 4 i 1¼ time, indtil den er elastisk at røre ved. Lad den køle af i formen i 10 minutter, inden den vendes på en rist til afkøling.

Tranebærtærte

Giver en kage på 23 cm

6 oz/175 g/¾ kop pulveriseret sukker (superfint)

60 ml/4 spiseskefulde olie

1 æg, let pisket

120 ml mælk

8 oz/2 kopper/225 g mel (all-purpose)

10 ml/2 tsk bagepulver

2,5 ml/½ teskefuld salt

8 oz/225 g blåbær

Til omslaget:

2 oz/50 g/¼ kop smør eller margarine, smeltet

100 g granuleret sukker

¼ kop/2 oz/50 g almindeligt (all-purpose) mel

2,5 ml/½ tsk stødt kanel

Pisk sukker, olie og æg til det er godt blandet og bleg. Tilsæt mælken og bland mel, bagepulver og salt i. Tilsæt blåbærene. Hæld blandingen i en smurt og meldrysset 9/23 cm kageform. Bland ingredienserne til toppingen og drys over blandingen. Bag i en forvarmet ovn ved 190°C/375°F/gasmærke 5 i 50 minutter, indtil en tandstik indsat i midten kommer ren ud. Serveres varm.

kirsebær brostenskage

Laver en kage på 900 g

¾ kop/6 oz/175 g smør eller margarine, blødgjort

6 oz/175 g/¾ kop pulveriseret sukker (superfint)

3 sammenpisket æg

8 oz/2 kopper/225 g mel (all-purpose)

2,5 ml/½ teskefuld bagepulver

100 g/4 oz/2/3 kop rosiner (gyldne rosiner)

5 oz/150 g/2/3 kop glaserede (kandiserede) kirsebær, i kvarte

8 oz/225 g friske kirsebær, udstenede (udstenede) og halveret

30 ml/2 spsk abrikosmarmelade (konserveret)

Pisk smør eller margarine, til det er glat, og pisk derefter sukkeret i. Bland æggene, derefter mel, bagepulver, rosiner og glaserede kirsebær. Hæld i en smurt 900g/2lb brødform (bageplade) og bag i en forvarmet ovn ved 160°C/325°F/gasmærke 3 i 2½ time. Lad stå i formen i 5 minutter og vend derefter ud på en rist for at køle yderligere af.

Arranger kirsebærene på en række oven på kagen. Bring abrikosmarmeladen i kog i en lille gryde, si og pensl over toppen af kagen for at glasere.

kirsebær kokos kage

Giver en kage på 20 cm

12 oz/350 g/3 kopper selvhævende mel

6 oz/175 g/¾ kop smør eller margarine

8 oz/225 g/1 kop glaserede (kandiserede) kirsebær, i kvarte

4 oz/100 g/1 kop tørret kokosnød (revet)

6 oz/175 g/¾ kop pulveriseret sukker (superfint)

2 store æg, let pisket

200 ml mælk

Kom melet i en skål og gnid smør eller margarine i, indtil blandingen minder om brødkrummer. Bland kirsebærene med kokosnødden, tilsæt dem til blandingen med sukkeret og bland let. Tilsæt æg og det meste af mælken. Pisk godt, tilsæt ekstra mælk, hvis det er nødvendigt for at give det en jævn konsistens. Vend i en smurt og bagepapirbeklædt 20 cm/8in kageform. Bag i en forvarmet ovn ved 180°C/350°F/gasmærke 4 i 1½ time, indtil en tandstik indsat i midten kommer ren ud.

Cherry Sultana kage

Laver en kage på 900 g

100 g smør eller margarine, blødgjort

100 g flormelis (super fint)

3 æg, let pisket

4 oz/100 g/½ kop kandiserede kirsebær (kandiserede)

12 oz/350 g/2 kopper sultanas (gyldne rosiner)

1½ kopper/175 g mel (alle formål)

en knivspids salt

Fløde smør eller margarine og sukker til det er lyst og luftigt. Tilsæt gradvist æggene. Bland kirsebær og rosiner med lidt mel, så de er dækket, og vend derefter det resterende mel i blandingen med saltet. Tilsæt kirsebær og rosiner. Hæld blandingen i en smurt og bagepapirbeklædt 900g/2lb brødform og bag i en forvarmet ovn ved 160°C/325°F/gasmærke 3 i 1½ time, indtil en tandstik indsat i midten knækker.

Kirsebær- og valnødde-islagkage

Giver en kage på 18 cm

100 g smør eller margarine, blødgjort

100 g flormelis (super fint)

2 æg, let pisket

15 ml/1 spiseskefuld lys honning

1¼ kopper / 5 oz / 150 g selvhævende mel

5 ml/1 tsk bagepulver

en knivspids salt

Til dekoration:
8 oz/225 g/11/3 kopper flormelis, sigtet

30 ml/2 spsk vand

Et par dråber rød madfarve.

4 glaserede kirsebær (kandiserede), halveret

4 valnøddehalvdele

Fløde smør eller margarine og sukker til det er lyst og luftigt. Tilsæt gradvist æg og honning, og tilsæt derefter mel, bagepulver og salt. Hæld blandingen i en smurt og bagepapirbeklædt 18 cm/8 tommer kageform og bag i en forvarmet ovn ved 190°C/375°F/gasmærke 5 i 20 minutter, indtil den er hævet godt og fast at røre ved. Lad afkøle.

Kom pulveriseret sukker i en skål og tilsæt gradvist nok vand til at lave en smørbar frosting. Fordel det meste over toppen af kagen. Farv resten af glasuren med et par dråber madfarve og tilsæt lidt mere flormelis, hvis det gør glasuren for flydende. Hæld eller hæld den røde glasur over kagen for at dele den i tern og pynt med de glaserede kirsebær og pekannødder.

Damson blommekage

Giver en kage på 20 cm

100 g smør eller margarine, blødgjort

3 oz/75 g/1/3 kop blødt brun farin

2 æg, let pisket

8 oz/225 g/2 kopper selvhævende mel

1 lb/450 g blommer, udstenede (udstenede) og halveret

2 oz/50 g/½ kop hakkede blandede nødder.

Pisk smør eller margarine og sukker let og luftigt og tilsæt gradvist æggene, pisk godt efter hver tilsætning. Tilsæt mel og damsons. Hæld blandingen i en smurt og bagepapirbeklædt 20 cm/8" kageform og drys med valnødderne. Bages i en forvarmet ovn ved 190°C/375°F/gasmærke 5 i 45 minutter, indtil den er fast at røre ved. Lad den køle af i formen i 10 minutter, før den overføres til en rist for at afkøle yderligere.

Tærte med dadler og valnødder

Giver en kage på 23 cm

300 ml kogende vand

225 g/8 oz/11/3 kopper dadler, udstenede (udstenede) og hakkede

5 ml/1 tsk bagepulver (natriumbicarbonat)

3 oz/75 g/1/3 kop smør eller margarine, blødgjort

8 oz/225 g/1 kop pulveriseret sukker (superfint)

1 sammenpisket æg

10 oz/275 g/2½ kopper almindeligt mel (alle formål).

en knivspids salt

2,5 ml/½ teskefuld bagepulver

2 oz/50 g/½ kop hakkede valnødder

Til omslaget:

2 oz/50 g/¼ kop blødt brun farin

1 oz/25 g/2 spsk smør eller margarine

30 ml/2 spsk mælk

Et par valnøddehalvdele til at dekorere

I en skål putter vi vand, dadler og bagepulver og lader det hvile i 5 minutter. Pisk smør eller margarine og sukker til cremet, og tilsæt derefter æg, vand og dadler. Bland mel, salt og bagepulver og vend i blandingen med nødderne. Vend i en smurt og foret tærteform på 23 cm/9 og bag i en forvarmet ovn ved 180°C/350°F/gasmærke 4 i 1 time, indtil den er stivnet. Lad afkøle på en rist.

For at lave toppingen blandes sukker, smør og mælk, indtil det er glat. Fordel over kagen og pynt med valnøddehalvdelene.

Citronkage

Giver en kage på 20 cm

¾ kop/6 oz/175 g smør eller margarine, blødgjort

6 oz/175 g/¾ kop pulveriseret sukker (superfint)

2 sammenpisket æg

8 oz/225 g/2 kopper selvhævende mel

Saft og revet skal af 1 citron

60 ml / 4 spsk mælk

Smør eller margarine og 100 g sukker. Tilsæt æggene lidt efter lidt, og tilsæt derefter mel og revet citronskal. Tilsæt nok mælk til at give det en jævn konsistens. Hæld blandingen i en smurt og foret 20cm/8 kageform og bag i en forvarmet ovn ved 180C/gasmærke 4 i 1 time, indtil den er hævet og gyldenbrun. Opløs det resterende sukker i citronsaften. Prik den varme kage med en gaffel og hæld saftblandingen over. Lad afkøle.

Appelsin- og mandelkage

Giver en kage på 20 cm

4 æg, adskilt

100 g flormelis (super fint)

revet skal af 1 appelsin

2 oz/50 g/½ kop mandler, finthakkede

2 oz/50 g/½ kop malede mandler

Til siruppen:

100 g flormelis (super fint)

300 ml appelsinjuice

15 ml/1 spsk appelsinlikør (valgfrit)

1 kanelstang

Pisk æggeblommer, sukker, appelsinskal, mandler og malede mandler. Pisk æggehviderne stive og vend dem derefter ind i blandingen. Hæld i en smurt og meldrysset 20 cm/8in kageform og bag i en forvarmet ovn ved 180°C/350°F/gasmærke 4 i 45 minutter, indtil den er fast at røre ved. Prik det hele med et spyd og lad det køle af.

Opløs imens sukkeret i appelsinjuice og likør, hvis du bruger det ved svag varme med kanelstangen, mens du rører af og til. Bring det i kog og reducer til en fin sirup. Kassér kanelen. Hæld den varme sirup over kagen og lad den trække et stykke tid.

havregrynbrødskage

Laver en kage på 900 g

100 g havregryn

300 ml kogende vand

100 g smør eller margarine, blødgjort

8 oz/225 g/1 kop blødt brun farin

8 oz/225 g/1 kop pulveriseret sukker (superfint)

2 æg, let pisket

1½ kopper/175 g mel (alle formål)

10 ml/2 tsk bagepulver

5 ml/1 tsk bagepulver (natriumbicarbonat)

5 ml/1 tsk stødt kanel

Læg havregrynene i blød i det kogende vand. Fløde smør eller margarine og sukker til det er lyst og luftigt. Tilsæt gradvist æggene, og tilsæt derefter mel, bagepulver, bagepulver og kanel. Til sidst tilsættes havreblandingen og røres til det er godt blandet. Hæld i en smurt og bagepapirbeklædt 900g/2lb brødform og bag i en forvarmet ovn ved 180°C/350°F/Gas Mark 4 i ca. 1 time, indtil den er fast at røre ved.

Mandarinkage glaseret stærk

Giver en kage på 20 cm

3/4 kop/6 oz/175 g blød margarine på dåse

9 oz/250 g/1 generøs kop pulveriseret sukker (superfint).

8 oz/225 g/2 kopper selvhævende mel

5 ml/1 tsk bagepulver

3 æg

Finrevet skal og saft af 1 lille appelsin

11 oz/300 g/1 medium dåse mandarin appelsiner, godt drænet

Finrevet skal og saft af 1/2 citron

Kom margarine, 175 g sukker, mel, bagepulver, æg, appelsinskal og saft i en foodprocessor eller pisk med en el-mikser til en jævn masse. Hak mandarinerne groft og fold dem sammen. Hæld i en smurt og bagepapirbeklædt 20 cm/8in kageform. Glat overfladen. Bag i en forvarmet ovn ved 180°C/350°F/gasmærke 4 i 1 time og 10 minutter, eller indtil en tandstik indsat i midten kommer ren ud. Lad afkøle i 5 minutter, tag derefter formen op og læg den på en rist. Bland imens det resterende sukker med citronskal og saft, indtil du får en pasta. Fordel over og lad afkøle.

Appelsinkage

Giver en kage på 20 cm

¾ kop/6 oz/175 g smør eller margarine, blødgjort

6 oz/175 g/¾ kop pulveriseret sukker (superfint)

2 sammenpisket æg

8 oz/225 g/2 kopper selvhævende mel

Saft og revet skal af 1 appelsin

60 ml / 4 spsk mælk

Smør eller margarine og 100 g sukker. Tilsæt æggene lidt efter lidt, og tilsæt derefter mel og revet appelsinskal. Tilsæt nok mælk til at give det en jævn konsistens. Overfør blandingen til en smurt og foret 20 cm/8 kageform og bag i en forvarmet ovn ved 180C/gasmærke 4 i 1 time, indtil den er hævet og gyldenbrun. Opløs det resterende sukker i appelsinsaften. Prik den varme kage med en gaffel og hæld saftblandingen over. Lad afkøle.

engle kage

Giver en kage på 23 cm

¾ kop / 3 oz / 75 g almindeligt (all-purpose) mel

1 oz/25 g/2 spsk majsmel (majsstivelse)

en knivspids salt

8 oz/225 g/1 kop pulveriseret sukker (superfint)

10 æggehvider

1 spiseskefuld citronsaft

1 tsk fløde tatar

1 tsk vanilje essens (ekstrakt)

Bland mel og salt med en fjerdedel af sukkeret og sigt godt. Pisk halvdelen af æggehviderne med halvdelen af citronsaften, til de er skummende. Tilsæt halvdelen af cremen af tatar og en teskefuld sukker og pisk indtil stive toppe dannes. Gentag med de resterende æggehvider, vend derefter i og tilsæt gradvist det resterende sukker og vaniljeessens. Tilsæt meget gradvist melblandingen til æggehviderne. Hæld i en smurt 23 cm/9in springform (rørform) og bag i en forvarmet ovn ved 180°C/350°F/gasmærke 4 i 45 minutter, indtil den er fast at røre ved. Vend gryden på en rist og lad den køle af i gryden, inden den tages ud.

brombær sandwich

Giver en kage på 18 cm

¾ kop/6 oz/175 g smør eller margarine, blødgjort

6 oz/175 g/¾ kop pulveriseret sukker (superfint)

3 sammenpisket æg

1½ kopper / 6 oz / 175 g selvhævende mel

5 ml/1 tsk vaniljeessens (ekstrakt)

300 ml piskefløde (tung)

8 oz/225 g brombær

Fløde smør eller margarine og sukker til det er blegt og luftigt. Pisk gradvist æggene i, og tilsæt derefter mel og vaniljeessens. Fordel mellem to smurte og forede 7/18 cm kageforme og bag dem i en forvarmet ovn ved 190C/gasmærke 5 i 25 minutter, indtil de er spændstige. Lad afkøle.

Pisk flødeskummet stiv. Fordel halvdelen over en af kagerne, arranger brombærene ovenpå og hæld den resterende creme ovenpå. Top med den anden kage og server.

Gylden smørkage

Giver en kage på 23 cm

8 oz/225 g/1 kop smør eller margarine, blødgjort

450 g flormelis (super fint)

5 æg, adskilt

250 ml almindelig yoghurt

14 oz/400 g/3½ kopper almindeligt mel (alle formål).

10 ml/2 tsk bagepulver

en knivspids salt

Fløde smør eller margarine og sukker til det er lyst og luftigt. Tilsæt gradvist æggeblommer og yoghurt, og tilsæt derefter mel, bagepulver og salt. Pisk æggehviderne stive og vend dem forsigtigt i blandingen med en metalske. Hæld i en smurt 23 cm/9in kageform og bag i en forvarmet ovn ved 180°C/350°F/gasmærke 4 i 45 minutter, indtil den er gyldenbrun og fjedrende at røre ved. Lad afkøle i formen i 10 minutter og vend derefter ud på en rist for at køle af.

Alt-i-en kaffesvamp

Giver en kage på 20 cm

100 g smør eller margarine, blødgjort

100 g flormelis (super fint)

4 oz/100 g/1 kop selvhævende mel

2,5 ml/½ teskefuld bagepulver

15 ml/1 spsk instant kaffepulver, opløst i 10 ml/2 teskefulde varmt vand

2 æg

Blend alle ingredienser, indtil de er godt blandet. Hæld i en smurt og foret tærteform på 20 cm/8 og bag i en forvarmet ovn ved 180°C/350°F/gasmærke 4 i 30 minutter, indtil den er hævet godt og fjedrende at røre ved.

Tjekkisk kage

Giver en kage på 15 x 25 cm / 10 x 6 tommer

12 oz/350 g/3 kopper almindeligt mel (alle formål).

4 oz/100 g/2/3 kop flormelis, sigtet

4 oz/100 g/1 kop malede hasselnødder eller mandler

15 ml/1 spsk bagepulver

150 ml mælk

2 æg, let pisket

250 ml solsikkeolie

8 oz/225 g frisk frugt

Til glasuren:

400 ml/14 fl oz/1¾ kopper frugtjuice

20 ml/4 teskefulde pilrod

Bland de tørre ingredienser. Rør mælk, æg og olie og tilsæt dem til blandingen. Hæld i en smurt 15 x 25 cm/6 x 10 lav tærteform (bageplade) og bag i en forvarmet ovn ved 180°C/350°F/gasmærke 4 i ca. 35 minutter, indtil den er stivnet. Lad afkøle.

Anret frugten på tærtebunden. Bring frugtsaft og arrowroot i kog under omrøring og hæld glasuren over toppen af kagen.

simpel honningkage

Giver en kage på 20 cm

100 g smør eller margarine, blødgjort

1 oz/25 g/2 spsk pulveriseret (superfint) sukker

60 ml/4 spiseskefulde lys honning

2 æg, let pisket

1½ kopper / 6 oz / 175 g selvhævende mel

2,5 ml/½ teskefuld bagepulver

5 ml/1 tsk stødt kanel

15 ml/1 spsk vand

Blend alle ingredienser, indtil det har en jævn, sivende konsistens. Hæld i en smurt og foret 20 cm/8 kageform og bag i en forvarmet ovn ved 190°C/375°F/gasmærke 5 i 30 minutter, indtil den er godt hævet og fjedrende at røre ved.

Alt-i-én citronsvamp

Giver en kage på 20 cm

100 g smør eller margarine, blødgjort

100 g flormelis (super fint)

4 oz/100 g/1 kop selvhævende mel

2,5 ml/½ teskefuld bagepulver

revet skal af 1 citron

15 ml/1 spsk citronsaft

2 æg

Blend alle ingredienser, indtil de er godt blandet. Hæld i en smurt og foret tærteform på 20 cm/8 og bag i en forvarmet ovn ved 180°C/350°F/gasmærke 4 i 30 minutter, indtil den er hævet godt og fjedrende at røre ved.

Citron chiffon kage

Laver en 10/25 cm kage

8 oz/225 g/2 kopper selvhævende mel

15 ml/1 spsk bagepulver

5 ml/1 tsk salt

12 oz/350 g/1½ kopper flormelis (superfint)

7 æg, adskilt

120 ml olie

175 ml/6 fl oz/¾ kop vand

10 ml/2 tsk revet citronskal

5 ml/1 tsk vaniljeessens (ekstrakt)

2,5 ml/½ tsk creme af tandsten

Bland mel, gær, salt og sukker og lav en fordybning i midten. Bland æggeblommer, olie, vand, citronskal og vaniljeessens og bland med de tørre ingredienser. Pisk æggehviderne og flødevinsten stive. Fold kageblandingen i. Hæld i en usmurt 25 cm/10 tommer kageform og bag i en forvarmet ovn ved 160°C/325°F/gasmærke 3 i 1 time. Sluk for ovnen, men lad kagen stå i yderligere 8 minutter. Tag ud af ovnen og vend på en rist til afkøling.

Citronkage

Laver en kage på 900 g

100 g smør eller margarine, blødgjort

6 oz/175 g/¾ kop pulveriseret sukker (superfint)

2 æg, let pisket

1½ kopper / 6 oz / 175 g selvhævende mel

60 ml / 4 spsk mælk

revet skal af 1 citron

Til siruppen:

60ml/4 spsk flormelis, sigtet

45 ml/3 spsk citronsaft

Fløde smør eller margarine og sukker til det er lyst og luftigt. Tilsæt gradvist æggene, derefter mel, mælk og citronskal og bland til en jævn masse. Hæld i en smurt og foret brødform på 900 g/2lb og bag i en forvarmet ovn ved 180°C/350°F/gasmærke 4 i 45 minutter, indtil den er elastisk at røre ved.

Bland flormelis og citronsaft og hæld over kagen, så snart den kommer ud af ovnen. Lad afkøle i formen.

citron og vanilje kage

Laver en kage på 900 g

8 oz/225 g/1 kop smør eller margarine, blødgjort

450 g flormelis (super fint)

4 æg, adskilt

12 oz/350 g/3 kopper almindeligt mel (alle formål).

10 ml/2 tsk bagepulver

200 ml mælk

2,5 ml/½ tsk citronessens (ekstrakt)

2,5 ml/½ tsk vaniljeessens (ekstrakt)

Pisk smør og sukker cremet og bland æggeblommerne i. Tilsæt mel og bagepulver skiftevis med mælken. Tilsæt citron og vaniljeessenser. Pisk æggehviderne til bløde toppe og vend derefter forsigtigt i blandingen. Vend i en smurt 900g/2lb brødform og bag i en forvarmet ovn ved 150°C/300°F/gasmærke 2 i 1¼ time, indtil den er gyldenbrun og fjedrende at røre ved.

Madeira kage

Giver en kage på 18 cm

¾ kop/6 oz/175 g smør eller margarine, blødgjort

6 oz/175 g/¾ kop pulveriseret sukker (superfint)

3 store æg

1¼ kopper / 5 oz / 150 g selvhævende mel

1 kop/4 oz/100 g mel (all-purpose).

en knivspids salt

Revet skal og saft af ½ citron

Smør eller margarine og sukker, indtil det er bleg og glat. Tilsæt æggene et ad gangen, pisk godt mellem hver tilsætning. Tilsæt de resterende ingredienser. Hæld i en smurt og pergamentbeklædt 18 cm/7in kageform og jævn overfladen. Bages i en forvarmet ovn ved 160°C/325°F/gasmærke 3 i 1-1¼ time, indtil den er gyldenbrun og fjedrende at røre ved. Lad den køle af i formen i 5 minutter, inden den vendes på en rist til afkøling.

marguerite kage

Giver en kage på 20 cm

4 æg, adskilt

15 ml/1 spsk flormelis (superfint) sukker

1½ kopper/175 g mel (alle formål)

100 g kartoffelmel

2,5 ml/½ tsk vaniljeessens (ekstrakt)

1 oz/25 g/3 spsk pulveriseret sukker, sigtet

Pisk æggeblommer og sukker, indtil det er lyst og cremet. Tilsæt gradvist mel, kartoffelmel og vaniljeessens. Pisk æggehviderne stive og tilsæt til blandingen. Hæld blandingen i en smurt og pergamentbeklædt 20 cm/8in kageform og bag i en forvarmet ovn ved 200°C/400°F/gasmærke 6 i kun 5 minutter. Tag kagen ud af ovnen og lav et kryds på toppen med en skarp kniv, og sæt den tilbage i ovnen hurtigst muligt og bag i yderligere 5 minutter. Reducer ovntemperaturen til 180°C/350°F/gasmærke 4 og bag i yderligere 25 minutter, indtil den lige er hævet og gyldenbrun. Lad afkøle og server drysset med flormelis.

varm mælkekage

Giver en kage på 23 cm

4 æg, let pisket

5 ml/1 tsk vaniljeessens (ekstrakt)

1 lb / 450 g / 2 kopper granuleret sukker

8 oz/225 g/2 kopper selvhævende mel

10 ml/2 tsk bagepulver

2,5 ml/½ teskefuld salt

250 ml mælk

1 oz/25 g/2 spsk smør eller margarine

Pisk æg, vaniljeessens og sukker lyst og luftigt. Tilsæt gradvist mel, bagepulver og salt. Bring mælk og smør eller margarine i kog i en lille gryde, tilsæt blandingen og bland godt. Hæld i en smurt og meldrysset 9 cm/9in kageform og bag i en forvarmet ovn ved 180°C/350°F/gasmærke 4 i 40 minutter, indtil den er gyldenbrun og fjedrende at røre ved.

mælketærte

Giver en kage på 20 cm

150 ml mælk

3 æg

6 oz/175 g/¾ kop pulveriseret sukker (superfint)

5 ml/1 tsk citronsaft

350 g / 12 oz / 3 kopper mel (alle formål)

5 ml/1 tsk bagepulver

Varm mælken op i en gryde. Pisk æggene i en skål, indtil de er tykke og cremede, og tilsæt derefter sukker og citronsaft. Hæld mel og bagepulver i og tilsæt den varme mælk gradvist, indtil det er glat. Hæld i en smurt 8-tommer/20 cm kageform (bageplade) og bag i en forvarmet ovn ved 180°C/350°F/Gas Mark 4 i 20 minutter, indtil den er godt hævet og fjedrende at røre ved.

Alt-i-én mokka svamp

Giver en kage på 20 cm

100 g smør eller margarine, blødgjort

100 g flormelis (super fint)

4 oz/100 g/1 kop selvhævende mel

2,5 ml/½ teskefuld bagepulver

15 ml/1 spsk instant kaffepulver, opløst i 10 ml/2 teskefulde varmt vand

15 ml/1 spsk kakaopulver (usødet chokolade).

2 æg

Blend alle ingredienser, indtil de er godt blandet. Hæld i en smurt og foret tærteform på 20 cm/8 og bag i en forvarmet ovn ved 180°C/350°F/gasmærke 4 i 30 minutter, indtil den er hævet godt og fjedrende at røre ved.

Muscat kage

Giver en kage på 18 cm

¾ kop/6 oz/175 g smør eller margarine, blødgjort

6 oz/175 g/¾ kop pulveriseret sukker (superfint)

3 æg

30 ml/2 spsk sød muscatvin

8 oz/2 kopper/225 g mel (all-purpose)

10 ml/2 tsk bagepulver

Pisk smør eller margarine og sukker let og luftigt, og pisk derefter gradvist æg og vin i. Tilsæt mel og bagepulver og bland til en jævn masse. Hæld i en smurt og bagepapirbeklædt kageform på 18 cm og bag i en forvarmet ovn ved 180°C/gasmærke 4 i 1¼ time, indtil den er gyldenbrun og fjedrende at røre ved. Lad afkøle i formen i 5 minutter og vend derefter ud på en rist for at køle af.

Orange svamp alt i én

Giver en kage på 20 cm

100 g smør eller margarine, blødgjort

100 g flormelis (super fint)

4 oz/100 g/1 kop selvhævende mel

2,5 ml/½ teskefuld bagepulver

revet skal af 1 appelsin

15 ml/1 spsk appelsinjuice

2 æg

Blend alle ingredienser, indtil de er godt blandet. Hæld i en smurt og foret tærteform på 20 cm/8 og bag i en forvarmet ovn ved 180°C/350°F/gasmærke 4 i 30 minutter, indtil den er hævet godt og fjedrende at røre ved.

simpel kage

Giver en kage på 23 cm

2 oz/50 g/¼ kop smør eller margarine

8 oz/2 kopper/225 g mel (all-purpose)

2,5 ml/½ teskefuld salt

15 ml/1 spsk bagepulver

30 ml/2 spsk flormelis (superfint) sukker

250 ml mælk

Gnid smørret eller margarinen ind i mel, salt og bagepulver, indtil blandingen minder om brødkrummer. Tilsæt sukkeret. Tilsæt gradvist mælken og bland til en jævn masse. Tryk forsigtigt ned i en smurt 9-tommer/23 cm kageform og bag i en forvarmet ovn ved 160°C/325°F/Gas Mark 3 i ca. 30 minutter, indtil de er let gyldenbrune.

Spansk tærte

Giver en kage på 23 cm

4 æg, adskilt

100 g granuleret sukker

revet skal af ½ citron

1 oz/25 g/¼ kop majsmel

¼ kop/1 oz/25 g almindeligt (all-purpose) mel

30 ml/2 spsk flormelis, sigtet

Pisk æggeblommer, sukker og citronskal, til det bliver lyst og skummende. Pisk lidt majsmel og mel i. Pisk æggehviderne stive og vend dem derefter i dejen. Hæld blandingen i en smurt 23 cm/9in firkantet kageform og bag i en forvarmet ovn ved 220°C/425°F/gasmærke 7 i 6 minutter. Tag straks ud af formen og lad afkøle. Server drysset med flormelis.

sejrs sandwich

Giver en kage på 23 cm

¾ kop/6 oz/175 g smør eller margarine, blødgjort

¾ kop/6 oz/175 g strøsukker (superfint), plus ekstra til aftørring

3 sammenpisket æg

1½ kopper / 6 oz / 175 g selvhævende mel

60 ml/4 spsk jordbærsyltetøj (på dåse)

Pisk smør eller margarine, indtil det er glat, og pisk derefter med sukkeret, indtil det er blegt og luftigt. Pisk gradvist æggene i, og tilsæt derefter melet. Fordel blandingen jævnt mellem to smurte og forede 7/18 cm sandwichpander. Bages i en forvarmet ovn ved 190°C/375°F/gasmærke 5 i ca. 20 minutter, indtil de er godt hævet og fjedrende at røre ved. Tænd på en rist til afkøling, dæk med marmelade og drys med sukker.

pisket kage

Giver en kage på 20 cm

2 æg

1/3 kop/3 oz/75 g pulveriseret sukker (superfint)

½ kop/50 g mel (all-purpose)

120 ml/4 fl oz/½ kop dobbelt (tung) fløde, pisket

45 ml/3 spsk hindbærsyltetøj (på dåse)

Flormelis (flormelis), sigtet

Pisk æg og sukker i mindst 5 minutter, indtil det er bleg. Tilsæt melet. Hæld i en smurt og foret 20 cm/8 sandwichform og bag i en forvarmet ovn ved 190°C/375°F/gasmærke 5 i 20 minutter, indtil den er elastisk at røre ved. Lad afkøle på en rist.

Skær kagen i halve vandret og læg de to halvdele i en sandwich med flødeskum og marmelade. Drys melis over det.

vindmølle kage

Giver en kage på 20 cm

Til kagen:

1½ kopper / 6 oz / 175 g selvhævende mel

5 ml/1 tsk bagepulver

¾ kop/6 oz/175 g smør eller margarine, blødgjort

6 oz/175 g/¾ kop pulveriseret sukker (superfint)

3 æg

5 ml/1 tsk vaniljeessens (ekstrakt)

Til glasuren (glasuren):

100 g smør eller margarine, blødgjort

6 oz/175 g/1 kop pulveriseret sukker, sigtet

75 ml/5 spsk jordbærsyltetøj (på dåse)

Strenge af sukker og et par skiver kandiseret appelsin og citron (kandiseret) til dekoration

Pisk alle kageingredienserne sammen, indtil du har en jævn kageblanding. Fordel mellem to smurte og forede 8/20 cm kageforme og bag i en forvarmet ovn ved 160C/gasmærke 3 i 20 minutter, indtil de er gyldenbrune og fjedrende at røre ved. Lad afkøle i formene i 5 minutter og vend dem derefter ud på en rist til afkøling.

Til glasuren piskes smør eller margarine med flormelis, indtil det er glat. Fordel marmeladen over toppen af den ene kage, pensl med halvdelen af glasuren og læg den anden kage ovenpå. Fordel den resterende frosting over toppen af kagen og jævn med en spatel. Klip en 20 cm cirkel af vokspapir og fold i 8 segmenter. Efterlad en lille cirkel i midten for at holde papiret i ét stykke, klip skiftevis segmenter og læg papiret på kagen som en skabelon. Drys de udækkede dele med sukkerstykker, fjern papiret og læg appelsin- og citronskiverne i et flot mønster på de udekorerede dele.

schweizerrulle

Giver en rulle på 20 cm

3 æg

1/3 kop/3 oz/75 g pulveriseret sukker (superfint)

¾ kop / 3 oz / 75 g selvhævende mel

Flormelis (superfint) sukker til aftørring

75 ml/5 spsk hindbærsyltetøj (på dåse)

Pisk æg og sukker i cirka 10 minutter, indtil det er meget blegt og tykt, og blandingen glider af piskeriset i stykker. Rør mel i, og overfør til en smurt og pergamentbeklædt 30 x 20 cm/12 x 8 schweizerrulleform (gelérullepande). Bages i en forvarmet ovn ved 200°C/400°F/gasmærke 4 i 10 minutter, indtil den er gennemhævet og fast at røre ved. Drys et rent viskestykke (viskestykke) med flormelis og vend kagen på klædet. Fjern foringspapiret, trim kanterne og kør en kniv omkring en tomme fra den korte kant, og skær halvdelen af kagen. Rul kagen fra snitkanten. Lad afkøle.

Tag kagen ud af emballagen og smør den med marmelade, rul den sammen igen og server den drysset med flormelis.

æble swiss roll

Giver en rulle på 20 cm

1 kop/4 oz/100 g mel (all-purpose).

5 ml/1 tsk bagepulver

en knivspids salt

8 oz/225 g/1 kop pulveriseret sukker (superfint)

3 æg

5 ml/1 tsk vaniljeessens (ekstrakt)

45 ml / 3 spsk koldt vand

Flormelis (flormelis), sigtet, til aftørring

4 oz/100 g/1 kop æblemarmelade (klar marmelade)

Bland mel, bagepulver, salt og sukker, og tilsæt derefter æg og vaniljeessens til en jævn masse. Rør vandet i. Hæld blandingen i en smurt og meldrysset 30 x 20 cm/12 x 8 tommer svejtserrullepande (geléform) og bag i en forvarmet ovn ved 190°C/375°F/gasmærke 5 i 20 minutter, indtil den er elastisk. Drys et rent viskestykke (viskestykke) med flormelis og vend kagen på klædet. Fjern foringspapiret, trim kanterne og kør en kniv omkring en tomme fra den korte kant, og skær halvdelen af kagen. Rul kagen fra snitkanten. Lad afkøle.

Rul kagen ud og smør den næsten til kanterne med æblemarmelade. Rul sammen igen og drys med flormelis til servering.

Kastanjebrød med cognac

Giver en rulle på 20 cm

3 æg

100 g flormelis (super fint)

1 kop/4 oz/100 g mel (all-purpose).

30 ml/2 spsk brandy

Flormelis (superfint) sukker til aftørring

Til fyld og dekoration:

300 ml piskefløde (tung)

15 ml/1 spsk flormelis (superfint) sukker

250 g/9 oz/1 stor dåse kastanjepuré

1½ kopper / 6 oz / 175 g mørk (halvsød) chokolade

½ oz/15 g/1 spsk smør eller margarine

30 ml/2 spsk brandy

Pisk æg og sukker, indtil det er lyst og tykt. Tilsæt forsigtigt mel og brandy med en metalske. Hæld i en smurt og bagepapirbeklædt 30 x 20 cm/12 x 8 Swiss Roll-bageform (gelérulleform) og bag i en forvarmet ovn ved 220°C/425°F/gasmærke 7 i 12 minutter. Læg et rent viskestykke (viskestykke) på din arbejdsflade, dæk med et stykke fedtsugende (fedtfast) papir og drys med flormelis. Vend pastel på papir. Fjern foringspapiret, trim kanterne og kør en kniv omkring en tomme fra den korte kant, og skær halvdelen af kagen. Rul kagen fra snitkanten. Lad afkøle.

Til fyldet piskes fløde og sukker stift. Si (filtrer) kastanjepuréen og pisk, indtil den er glat. Tilsæt halvdelen af fløden til kastanjepuréen. Rul kagen ud og fordel kastanjepuréen over overfladen, rul derefter kagen op igen. Smelt chokoladen med smør eller margarine og cognac i en varmefast skål placeret over en gryde med kogende vand. Fordel på kagen og riv mønstre med en gaffel.

chokolade swiss roll

Giver en rulle på 20 cm

3 æg

1/3 kop/3 oz/75 g pulveriseret sukker (superfint)

2 oz/50 g/½ kop selvhævende mel

1 oz/25 g/¼ kop kakaopulver (usødet chokolade).

Flormelis (superfint) sukker til aftørring

120 ml piskefløde (tung)

Flormelis (flormelis) til aftørring

Pisk æg og sukker i cirka 10 minutter, indtil blandingen er meget bleg og tyk, og blandingen glider gennem piskeriset i strimler. Tilsæt mel og kakao og overfør til en smurt og bagepapirbeklædt 30 x 20 cm/12 x 8 svejtserrullepande (gelérullepande). Bages i en forvarmet ovn ved 200°C/400°F/gasmærke 4 i 10 minutter, indtil den er gennemhævet og fast at røre ved. Drys et rent viskestykke (viskestykke) med flormelis og vend kagen på klædet. Fjern foringspapiret, trim kanterne og kør en kniv omkring en tomme fra den korte kant, og skær halvdelen af kagen. Rul kagen fra snitkanten. Lad afkøle.

Pisk flødeskummet stiv. Tag kagen ud af emballagen og pensl den med flødeskum, rul den sammen igen og server den drysset med flormelis.

citronrulle

Giver en rulle på 20 cm

3 oz/75 g/¾ kop selvhævende mel

5 ml/1 tsk bagepulver

en knivspids salt

1 æg

6 oz/175 g/¾ kop pulveriseret sukker (superfint)

15 ml/1 spsk olie

5 ml/1 tsk citronessens (ekstrakt)

6 æggehvider

2 oz/50 g/1/3 kop konditorsukker (pulver), sigtet

75 ml / 5 spiseskefulde lemon curd

300 ml piskefløde (tung)

10 ml/2 tsk revet citronskal

Bland mel, bagepulver og salt. Pisk æg, indtil det er tykt og citronfarvet, og pisk derefter langsomt 2 oz/50 g/¼ kop flormelis i, indtil det er bleg og cremet. Pisk olien og citronessensen. I en ren skål piskes æggehviderne til bløde toppe, og tilsæt derefter gradvist det resterende flormelis, indtil blandingen har stive toppe. Vend æggehviderne i olien og vend derefter melet i. Hæld i en smurt og pergamentbeklædt 30 x 20 cm/12 x 8 svejtserrullepande (gelérullepande) og bag i en forvarmet ovn ved 190°C/375°F/gasmærke 5 i 10 minutter, indtil den er elastisk at røre ved. . Dæk et rent viskestykke (viskestykke) med et stykke bagepapir og drys med flormelis, og vend derefter kagen på klædet. Fjern foringspapiret, trim kanterne og kør en kniv omkring 2,5 cm fra den korte kant. skære en halv kage. Rul kagen fra snitkanten. Lad afkøle.

Rul kagen ud og smør den med lemon curd. Pisk fløden tyk og tilsæt citronskal. Fordel lemon curd ovenpå og rul derefter kagen sammen igen. Afkøl før servering.

Honning citronostrulle

Giver en rulle på 20 cm

3 æg

1/3 kop/3 oz/75 g pulveriseret sukker (superfint)

revet skal af 1 citron

¾ kop / 3 oz / 75 g almindeligt (all-purpose) mel

en knivspids salt

Superfint sukker til at drysse Til fyldet:

6 oz/175 g/¾ kop flødeost

30 ml/2 spsk lys honning

Flormelis (flormelis), sigtet, til aftørring

Pisk æg, sukker og citronskal i en varmefast skål over en gryde med kogende vand, til det er tykt og skummende, og blandingen vil glide gennem piskeriset i stykker. Fjern fra varmen og pisk i 3 minutter, tilsæt derefter mel og salt. Hæld i en smurt og pergamentbeklædt 30 x 20 cm/12 x 8 tommer svejtserrulleform (gelérullepande) og bag i en forvarmet ovn ved 200°C/400°F/gasmærke 6, indtil den er gyldenbrun og elastisk i forhold til røre ved. Dæk et rent viskestykke (viskestykke) med et stykke fedtsugende (voks)papir og drys med flormelis, og vend derefter kagen på klædet. Pil foringspapiret af, klip kanterne af og kør en kniv ca. 1 tomme/2,5 cm fra den korte kant, skær i halvdelen af kagen. Rul kagen fra snitkanten. Lad afkøle.

Bland flødeosten med honningen. Rul kagen ud, dæk med fyldet, rul sammen igen og drys med flormelis.

Lime marmelade rulle

Giver en rulle på 20 cm

3 æg

6 oz/175 g/¾ kop pulveriseret sukker (superfint)

45 ml/3 spiseskefulde vand

5 ml/1 tsk vaniljeessens (ekstrakt)

¾ kop / 3 oz / 75 g almindeligt (all-purpose) mel

5 ml/1 tsk bagepulver

en knivspids salt

1 oz/25 g/¼ kop malede mandler

Flormelis (superfint) sukker til aftørring

60ml/4 spsk limemarmelade

150 ml/¼ pt/2/3 kop dobbelt (tung) fløde, pisket

Pisk æggene, indtil de er blege og tykke, og pisk derefter gradvist sukker, vand og vaniljeessens i. Bland mel, bagepulver, salt og malede mandler og pisk til det er glat. Hæld i en smurt og bagepapirbeklædt 30 x 20 cm/12 x 8 svejtserrulleform (gelérulleform) og bag i en forvarmet ovn ved 180°C/350°F/gasmærke 4 i 12 minutter, indtil de netop er stivnet. berøringen. Drys et rent viskestykke (viskestykke) med sukker og vend den varme kage på klædet. Fjern foringspapiret, trim kanterne og kør en kniv omkring en tomme fra den korte kant, og skær halvdelen af kagen. Rul kagen fra snitkanten. Lad afkøle.

Rul kagen ud og smør den med marmelade og flødeskum. Rul sammen igen og drys med lidt mere flormelis.

Jordbær citron roulade

Giver en rulle på 20 cm

Til fyldet:

30 ml/2 spsk majsmel (majsstivelse)

1/3 kop/3 oz/75 g pulveriseret sukker (superfint)

120 ml æblejuice

120 ml citronsaft

2 æggeblommer, let pisket

10 ml/2 tsk revet citronskal

15 ml/1 spsk smør

Til kagen:

3 æg, adskilt

3 æggehvider

en knivspids salt

1/3 kop/3 oz/75 g pulveriseret sukker (superfint)

15 ml/1 spsk olie

5 ml/1 tsk vaniljeessens (ekstrakt)

5 ml/1 tsk revet citronskal

½ kop/50 g mel (all-purpose)

¼ kop / 1 oz / 25 g majsmel (majsstivelse)

8 oz/225 g jordbær, skåret i skiver

Flormelis (flormelis), sigtet, til aftørring

For at lave fyldet, bland majsmel og sukker i en stegepande og tilsæt gradvist æble- og citronsaft. Tilsæt æggeblommer og citronskal. Kog ved lav varme under konstant omrøring, indtil den er meget tyk. Fjern fra varmen og tilsæt smørret. Hæld i en skål, læg en cirkel af fedtfast (vokset) papir på overfladen, lad afkøle og lad afkøle.

Til tærten piskes alle æggehviderne med saltet til bløde toppe. Tilsæt gradvist sukker, indtil det er fast og blankt. Pisk æggeblommer, olie, vaniljeessens og citronskal. Tilsæt en spiseskefuld æggehvide og rør blommeblandingen i æggehviden. Tilsæt mel og majsstivelse; Bland ikke for længe. Fordel blandingen i en smurt, foret og meldrysset 30 x 20 cm/12 x 8 tommer svejtserrullepande (geléform) og bag i en forvarmet ovn ved 200°C/400°F/gasmærke 4 i 10 minutter, indtil den er stivnet. er gyldenbrun. . Vend kagen på et ark vokset (vokset) papir på en rist. Pil foringspapiret af, klip kanterne af og kør en kniv ca. 1 tomme/2,5 cm fra den korte kant, skær i halvdelen af kagen. Rul kagen fra snitkanten. Lad afkøle.

Rul den kolde kage ud og fordel den med citronfyldet og del jordbærene over. Brug papiret som guide til at rulle rullen sammen igen og drysses med flormelis inden servering.

Appelsin og mandel schweizerrulle

Giver en rulle på 20 cm

4 æg, adskilt

8 oz/225 g/1 kop pulveriseret sukker (superfint)

60 ml/4 spiseskefulde appelsinjuice

1¼ kopper / 5 oz / 150 g almindeligt (all-purpose) mel

5 ml/1 tsk bagepulver

en knivspids salt

5 ml/1 tsk vaniljeessens (ekstrakt)

Revet skal af ½ appelsin

Flormelis (superfint) sukker til aftørring

Til fyldet:

2 appelsiner

30 ml/2 spsk gelatinepulver

120 ml vand

250 ml appelsinjuice

100 g flormelis (super fint)

4 æggeblommer

250 ml piskefløde (tung)

1/3 kop/100 g abrikosmarmelade (konserveret), siet (filtreret)

15 ml/1 spsk vand

4 oz/100 g/1 kop mandler i flager (skåret), ristede

Pisk æggeblommer, konditorsukker og appelsinjuice, indtil de er blege og luftige. Tilsæt gradvist mel og bagepulver med en metalske. Pisk æggehvider og salt stive og tilsæt dem med en metalske til blandingen med vaniljeessens og appelsinskal. Hæld i en smurt og pergamentbeklædt 30 x 20 cm/12 x 8 svejtserrulleform (gelérullepande) og bag i en forvarmet ovn ved 200°C/400°F/gasmærke 6 i 10 minutter, indtil den er elastisk at røre ved. . Vend til et rent viskestykke (viskestykke), drysset med puddersukker. Fjern foringspapiret, trim kanterne og kør en kniv omkring en tomme fra den korte kant, og skær halvdelen af kagen. Rul kagen fra snitkanten. Lad afkøle.

Til fyldet rives skallen af en appelsin. Skræl begge appelsiner og fjern marv og hinde. Skær segmenterne i halve og afdryp. Drys gelatinen over vandet i en skål og lad det blive luftigt. Placer beholderen i en gryde med varmt vand, indtil den er opløst. Køl lidt ned. Pisk appelsinsaft og -skal med sukker og æggeblommer i en varmefast skål og læg den over en gryde med kogende vand, indtil den er tyk og cremet. Fjern fra varmen og tilsæt gelatinen. Rør af og til, indtil det er afkølet. Pisk flødeskummet til det er stivt, vend det derefter ind i blandingen og lad det køle af.

Rul kagen ud, fordel med appelsincremen og drys med appelsinsegmenterne. Rul op igen. Varm marmeladen op med vandet, indtil den er godt blandet. Pensl kagen og drys med de ristede mandler, tryk forsigtigt.

Tilbage til ryg Strawberry Swiss Roll

Giver en rulle på 20 cm

3 æg

3 oz/75 g/1/3 kop pulveriseret sukker (superfint)

¾ kop / 3 oz / 75 g selvhævende mel

Flormelis (superfint) sukker til aftørring

75 ml/5 spsk hindbærsyltetøj (på dåse)

150 ml flødeskum eller flødeskum

100 g jordbær

Pisk æg og sukker i cirka 10 minutter, indtil blandingen er meget bleg og tyk, og blandingen glider gennem piskeriset i strimler. Rør mel i, og overfør til en smurt og pergamentbeklædt 30 x 20 cm/12 x 8 schweizerrulleform (gelérullepande). Bages i en forvarmet ovn ved 200°C/400°F/gasmærke 4 i 10 minutter, indtil den er gennemhævet og fast at røre ved. Drys et rent viskestykke (viskestykke) med flormelis og vend kagen på klædet. Fjern foringspapiret, trim kanterne og kør en kniv omkring en tomme fra den korte kant, og skær halvdelen af kagen. Rul kagen fra snitkanten. Lad afkøle.

Pak kagen ud og pensl med marmelade, rul derefter igen. Skær kagen i halve på langs og læg de afrundede sider sammen på et serveringsfad med de udskårne sider udad. Pisk fløden stiv og rør derefter over toppen og siderne af kagen. Skær eller kvartér jordbærene, hvis de er store, og anret dem dekorativt på kagen.

Alt i én chokoladekage

Giver en kage på 20 cm

100 g smør eller margarine, blødgjort

100 g flormelis (super fint)

4 oz/100 g/1 kop selvhævende mel

15 ml/1 spsk kakaopulver (usødet chokolade).

2,5 ml/½ teskefuld bagepulver

2 æg

Blend alle ingredienser, indtil de er godt blandet. Hæld i en smurt og foret tærteform på 20 cm/8 og bag i en forvarmet ovn ved 180°C/350°F/gasmærke 4 i 30 minutter, indtil den er hævet godt og fjedrende at røre ved.

Chokolade bananbrød

Giver et 900g/2lb brød

5 oz/150 g/2/3 kop smør eller margarine

5 oz/150 g/2/3 kop blødt brun farin

5 oz/1¼ kopper/150 g mørk (halvsød) chokolade

2 bananer, mosede

3 sammenpisket æg

1¾ kopper/200 g almindeligt (all-purpose) mel

10 ml/2 tsk bagepulver

Smelt smør eller margarine med sukker og chokolade. Fjern fra varmen, og rør derefter bananer, æg, mel og bagepulver i, indtil det er glat. Hæld i en smurt og foret 900g/2lb brødform og bag i en forvarmet ovn ved 150°C/300°F/gasmærke 3 i 1 time, indtil den er elastisk at røre ved. Lad den køle af i formen i 5 minutter, inden den tages ud for at køle yderligere af på en rist.

Chokolade og mandelkage

Giver en kage på 20 cm

100 g smør eller margarine, blødgjort

100 g flormelis (super fint)

2 æg, let pisket

2,5 ml/½ tsk mandelessens (ekstrakt)

4 oz/100 g/1 kop selvhævende mel

1 oz/25 g/¼ kop kakaopulver (usødet chokolade).

2,5 ml/½ teskefuld bagepulver

45 ml / 3 spsk malede mandler

60 ml / 4 spsk mælk

Pulversukker (glasur) til aftørring

Fløde smør eller margarine og sukker til det er lyst og luftigt. Tilsæt gradvist æg og mandelessens, og tilsæt derefter mel, kakao og bagepulver. Tilsæt de malede mandler og nok mælk til at få en jævn konsistens. Hæld blandingen i en smurt og foret 8/20 cm tærteform (bageplade) og bag i en forvarmet ovn ved 200°C/gasmærke 6 i 15 til 20 minutter, indtil den er gennemhævet og spændstig. Server drysset med flormelis.

Chokolade mandel islagkage

Giver en kage på 23 cm

8 oz/225 g/2 kopper mørk (halvsød) chokolade

8 oz/225 g/1 kop smør eller margarine, blødgjort

8 oz/225 g/1 kop pulveriseret sukker (superfint)

5 æg, adskilt

8 oz/225 g/2 kopper selvhævende mel

4 oz/100 g/1 kop malede mandler

Til glasuren (glasuren):

175 g / 6 oz / 1 kop pulveriseret sukker (glasur)

1 oz/25 g/¼ kop kakaopulver (usødet chokolade).

30ml/2 spiseskefulde Cointreau

30 ml/2 spsk vand

blancherede mandler til pynt

Smelt chokoladen i en varmefast skål placeret over en gryde med kogende vand. Køl lidt ned. Fløde smør eller margarine og sukker til det er lyst og luftigt. Pisk æggeblommerne og hæld den smeltede chokolade i. Tilsæt mel og malede mandler. Pisk æggehviderne stive og vend dem gradvist i chokoladeblandingen. Hæld i en smurt og foret 23 cm/9in løsbundet kageform og bag i en forvarmet ovn ved 180°C/350°F/gasmærke 4 i 1¼ time, indtil den lige er sat og elastisk at røre ved. Lad afkøle.

Til glasuren blandes flormelis og kakao og laves en fordybning i midten. Opvarm Cointreau og vand og bland gradvist nok væske med pulveriseret sukker til at lave en smørbar glasur. Jævn kagen og skær et mønster i frostingen, inden den afkøles. Pynt med mandler.

chokolade englekage

Laver en kage på 900 g

6 æggehvider

en knivspids salt

5 ml/1 tsk creme af tandsten

450 g flormelis (super fint)

2,5 ml/½ tsk citronsaft

Få dråber vaniljeessens (ekstrakt)

1 kop/4 oz/100 g mel (all-purpose).

2 oz/50 g/½ kop kakaopulver (usødet chokolade).

5 ml/1 tsk bagepulver

Til glasuren (glasuren):

6 oz/175 g/1 kop pulveriseret sukker, sigtet

5 ml/1 tsk kakaopulver (usødet chokolade).

Få dråber vaniljeessens (ekstrakt)

30 ml/2 spsk mælk

Pisk æggehvider og salt til bløde toppe. Tilsæt tatarcremen og pisk til den er stiv. Tilsæt sukker, citronsaft og vaniljeessens. Bland mel, kakao og bagepulver og vend det i blandingen. Hæld i en smurt og foret brødform på 900 g/2lb og bag i en forvarmet ovn ved

180°C/350°F/gasmærke 4 i 1 time, indtil den er stivnet. Tag straks ud af formen og lad afkøle på en rist.

Til glasuren blandes alle ingredienserne til glasuren, til den er glat, og mælken tilsættes lidt efter lidt. Dryp over den afkølede kage.

Amerikansk chokoladekage

Giver en kage på 23 cm

1½ kopper/175 g mel (alle formål)

45 ml/3 spsk kakaopulver (usødet chokolade).

5 ml/1 tsk bagepulver (natriumbicarbonat)

8 oz/225 g/1 kop pulveriseret sukker (superfint)

75 ml / 5 spiseskefulde olie

15 ml/1 spsk hvidvinseddike

5 ml/1 tsk vaniljeessens (ekstrakt)

250 ml/8 fl oz/1 kop koldt vand

                    Til glasuren (glasuren):

2 oz/50 g/¼ kop flødeost

30 ml/2 spsk smør eller margarine

2,5 ml/½ tsk vaniljeessens (ekstrakt)

6 oz/175 g/1 kop pulveriseret sukker, sigtet

Bland de tørre ingredienser og lav en brønd i midten. Hæld olie, vineddike og vaniljeessens i og bland godt. Tilsæt det kolde vand og bland igen, indtil det er glat. Hæld i et smurt 23 cm/9in bradefad og bag i en forvarmet ovn ved 180°C/350°F/gasmærke 4 i 30 minutter. Lad afkøle.

Til glasuren blandes flødeost, smør eller margarine og vaniljeessens, indtil det er let og luftigt. Pisk flormelis gradvist i, indtil det er glat. Fordel over toppen af kagen.

Chokolade æbletærte

Giver en kage på 20 cm

2 kogeæbler (syre)

Citronsaft

100 g smør eller margarine, blødgjort

8 oz/225 g/1 kop pulveriseret sukker (superfint)

2 æg, let pisket

5 ml/1 tsk vaniljeessens (ekstrakt)

2¼ kopper / 9 oz / 250 g almindeligt (all-purpose) mel

1 oz/25 g/¼ kop kakaopulver (usødet chokolade).

5 ml/1 tsk bagepulver

5 ml/1 tsk bagepulver (natriumbicarbonat)

150 ml mælk

Til glasuren (glasuren):

1 lb/450 g/22/3 kopper pulveriseret sukker, sigtet

1 oz/25 g/¼ kop kakaopulver (usødet chokolade).

2 oz/50 g/¼ kop smør eller margarine

75 ml / 5 spsk mælk

Skræl æblerne, fjern kernehuset, hak fint og drys med lidt citronsaft. Fløde smør eller margarine og sukker til det er lyst og luftigt. Pisk gradvist æg og vaniljeessens i, og tilsæt derefter mel, kakao, bagepulver og natron skiftevis med mælken, indtil det er godt blandet. Tilsæt de skåret æbler. Hæld i en smurt og bagepapirbeklædt 20 cm/8in kageform og bag i en forvarmet ovn ved 180°C/350°F/Gas Mark 4 i 45 minutter, indtil en tandstik indsat i midten kommer ren ud. Lad afkøle i formen i 10 minutter og vend derefter ud på en rist for at køle af.

Til glasuren blandes flormelis, kakao og smør eller margarine og tilsættes lige nok mælk til at gøre blandingen glat og cremet. Fordel over toppen og siderne af kagen og riv mønstre med en gaffel.

Chokolade brownie kage

Giver en kage på 38 x 25 cm / 15 x 10 tommer

100 g smør eller margarine

100 g shortening (vegetabilsk shortening)

250 ml/8 fl oz/1 kop vand

1 oz/25 g/¼ kop kakaopulver (usødet chokolade).

8 oz/2 kopper/225 g mel (all-purpose)

450 g flormelis (super fint)

120 ml kærnemælk

2 sammenpisket æg

5 ml/1 tsk bagepulver (natriumbicarbonat)

en knivspids salt

5 ml/1 tsk vaniljeessens (ekstrakt)

Smelt smør eller margarine, spæk, vand og kakao i en lille gryde. Bland mel og sukker i en skål, hæld den smeltede blanding i og bland godt. Tilsæt de resterende ingredienser og pisk indtil det er godt blandet. Hæld i en smurt og meldrysset svejtserrulleform (gelérullepande) og bag i en forvarmet ovn ved 200°C/400°F/gasmærke 6 i 20 minutter, indtil den er elastisk at røre ved.

Chokolade kærnemælkskage

Giver en kage på 23 cm

8 oz/225 g/2 kopper selvhævende mel

12 oz/350 g/1½ kopper flormelis (superfint)

5 ml/1 tsk bagepulver (natriumbicarbonat)

2,5 ml/½ teskefuld salt

100 g smør eller margarine

250 ml kærnemælk

2 æg

2 oz/50 g/½ kop kakaopulver (usødet chokolade).

amerikansk fløjlsglasur

Bland mel, sukker, bagepulver og salt. Gnid smør eller margarine i, indtil blandingen ligner brødkrummer, tilsæt derefter kærnemælk, æg og kakao og fortsæt med at piske, indtil det er glat. Fordel blandingen mellem to smurte og forede 9/23 cm sandwichforme, og bag dem i en forvarmet ovn ved 180°C/350°F/gasmærke 4 i 30 minutter, indtil en tandstik indsat i midten kommer ren ud. Sandwich sammen med halvdelen af American Velvet Frosting og top kagen med resten. Lad hvile.

Kage med chokoladechips og mandler

Giver en kage på 20 cm

¾ kop/6 oz/175 g smør eller margarine, blødgjort

6 oz/175 g/¾ kop pulveriseret sukker (superfint)

3 æg, let pisket

8 oz/225 g/2 kopper selvhævende mel

2 oz/50 g/½ kop malede mandler

4 oz/100 g/1 kop chokoladechips

30 ml/2 spsk mælk

¼ kop/1 oz/25 g mandler i flager (skåret i skiver)

Fløde smør eller margarine og sukker til det er lyst og luftigt. Tilsæt gradvist æggene, og tilsæt derefter mel, malede mandler og chokoladechips. Bland nok af mælken i for at få en flydende konsistens, og tilsæt derefter de flagede mandler. Hæld i en smurt og bagepapirbeklædt 20 cm/8in kageform og bag i en forvarmet ovn ved 180°C/350°F/Gas Mark 4 i 1 time, indtil en tandstik indsat i midten kommer ren ud. Lad afkøle i formen i 5 minutter og vend derefter ud på en rist for at køle af.

Chokoladecremekage

Giver en kage på 18 cm

4 æg

100 g flormelis (super fint)

2½ oz/60 g/2/3 kop almindeligt mel (alle formål).

1 oz/25 g/¼ kop pulveriseret chokolademælk

150 ml piskefløde (tung)

Pisk æg og sukker lyst og luftigt. Tilsæt mel og chokolademælk. Fordel blandingen mellem to smurte og forede 7/18 cm sandwichforme og bag dem i en forvarmet ovn ved 200°C/400°F/gasmærke 6 i 15 minutter, indtil den er elastisk at røre ved. Lad afkøle på en rist. Pisk flødeskummet stift og lav derefter en sandwich med flødeskummet fra kagerne.

Chokoladekage med dadler

Giver en kage på 20 cm

1 oz/25 g/1 kvadrat almindelig (halvsød) chokolade

175 g/6 oz/1 kop udstenede (udstenede) dadler, hakket

5 ml/1 tsk bagepulver (natriumbicarbonat)

13 fl oz/375 ml/1½ kop kogende vand

¾ kop/6 oz/175 g smør eller margarine, blødgjort

8 oz/225 g/1 kop pulveriseret sukker (superfint)

2 sammenpisket æg

1½ kopper/175 g mel (alle formål)

2,5 ml/½ teskefuld salt

2 oz/50 g/¼ kop granuleret sukker

4 oz/100 g/1 kop chokoladechips uden smag (halvsød)

Kombiner chokolade, dadler, natron og kogende vand og rør, indtil chokoladen er smeltet. Fløde smør eller margarine og sukker til det er lyst og luftigt. Tilsæt æggene lidt efter lidt. Tilsæt skiftevis mel og salt til chokoladeblandingen og rør, indtil det er godt blandet. Hæld i en smurt og meldrysset 20 cm firkantet kageform. Bland perlesukker og chokoladechips sammen og drys ovenpå. Bag i en forvarmet ovn ved 160°C/325°F/gasmærke 3 i 45 minutter, indtil en tandstik indsat i midten kommer ren ud.

Familie chokoladekage

Giver en kage på 23 cm

100 g smør eller margarine, blødgjort

6 oz/175 g/¾ kop pulveriseret sukker (superfint)

2 æg, let pisket

5 ml/1 tsk vaniljeessens (ekstrakt)

8 oz/2 kopper/225 g mel (all-purpose)

45 ml/3 spsk kakaopulver (usødet chokolade).

10 ml/2 tsk bagepulver

2,5 ml/½ tsk bagepulver (natriumbicarbonat)

en knivspids salt

150 ml/8 fl oz/1 kop vand

Fløde smør eller margarine og sukker til det er lyst og luftigt. Tilsæt gradvist æg og vaniljeessens, og tilsæt derefter mel, kakao, bagepulver, natron og salt skiftevis med vandet, indtil det er glat. Hæld i en smurt og bagepapirbeklædt kageform på 9/23 cm og bag i en forvarmet ovn ved 220°C/425°F/gasmærke 7 i 20 til 25 minutter, indtil den er hævet godt og fjedrende at røre ved.

Djævelens madkage med skumfidusfrosting

Giver en kage på 18 cm

100 g smør eller margarine, blødgjort

100 g flormelis (super fint)

2 æg, let pisket

75 g selvhævende mel

15 ml/1 spsk kakaopulver (usødet chokolade).

en knivspids salt

Til glasuren (glasuren):

4 oz/100 g skumfiduser

30 ml/2 spsk mælk

2 æggehvider

1 oz/25 g/2 spsk pulveriseret (superfint) sukker

Revet chokolade til pynt

Fløde smør eller margarine og sukker til det er lyst og luftigt. Pisk gradvist æggene i, og tilsæt derefter mel, kakao og salt. Fordel blandingen mellem to smurte og forede 18 cm sandwichforme (pander) og bag i en forvarmet ovn ved 180°C/350°F/gasmærke 4 i 25 minutter, indtil den er gennemhævet og elastisk at røre ved. Lad afkøle.

Smelt skumfiduserne i mælken ved svag varme, rør af og til og lad køle af. Pisk æggehviderne stive, tilsæt derefter sukkeret og pisk igen til de er stive og blanke. Tilsæt til skumfidusblandingen og lad det stå lidt. Smør kagerne med en tredjedel af skumfidusfrostingen, fordel resten over toppen og siderne af kagen og pynt med revet chokolade.

drømmende chokoladekage

Giver en kage på 23 cm

8 oz/225 g/2 kopper mørk (halvsød) chokolade

30 ml/2 spsk instant kaffepulver

45 ml/3 spiseskefulde vand

4 æg, adskilt

5 oz/150 g/2/3 kop smør eller margarine, skåret i tern

en knivspids salt

100 g flormelis (super fint)

50 g majsmel (majsstivelse)

Til dekoration:

150 ml piskefløde (tung)

1 oz/25 g/3 spsk pulveriseret sukker

1½ kopper / 6 oz / 175 g hakkede valnødder

Smelt chokolade, kaffe og vand i en varmefast skål over en gryde med kogende vand. Tag af varmen og tilsæt gradvist æggeblommerne. Tilsæt smørret et ad gangen, indtil det smelter ind i blandingen. Pisk æggehvider og salt til bløde toppe. Tilsæt forsigtigt sukkeret og pisk det stivt. Pisk majsmel i. Fold en spiseskefuld af blandingen i chokoladen og fold derefter chokoladen i de resterende æggehvider. Hæld i en smurt og foret

23 cm/9 kageform og bag i en forvarmet ovn ved 180°C/350°F/gasmærke 4 i 45 minutter, indtil den er godt hævet og knap så fjedrende at røre ved. Tag den ud af ovnen og lad den køle lidt af, før den fjernes; kagen vil revne og synke.

Pisk fløden stiv og pisk derefter sukker i. Fordel noget af cremen rundt i kanten af kagen og tryk de hakkede valnødder i til pynt. Fordel eller læg den resterende creme ovenpå.

flydende chokoladekage

Giver en kage på 23 x 30 cm / 9 x 12 tommer

2 æg, adskilt

12 oz/350 g/1½ kopper flormelis (superfint)

1¾ kopper / 7 oz / 200 g selvhævende mel

2,5 ml/½ tsk bagepulver (natriumbicarbonat)

2,5 ml/½ teskefuld salt

60ml/4 spsk kakaopulver (usødet chokolade).

75 ml / 5 spiseskefulde olie

250 ml kærnemælk

Pisk æggehviderne stive. Tilsæt gradvist 100 g/½ kop sukker og pisk indtil det er stift og blankt. Bland det resterende sukker, mel, bagepulver, salt og kakao. Pisk æggeblommer, olie og kærnemælk. Tilsæt forsigtigt æggehviderne. Hæld i en smurt og meldrysset 23 x 32 cm/9 x 12 kageform og bag i en forvarmet ovn ved 180C/Gas Mark 4 i 40 minutter, indtil en tandstik indsat i midten kommer ud. smuk.

Hasselnød og chokoladekage

Laver en 10/25 cm kage

4 oz/100 g/1 kop hasselnødder

6 oz/175 g/¾ kop pulveriseret sukker (superfint)

1½ kopper/175 g mel (alle formål)

2 oz/50 g/½ kop kakaopulver (usødet chokolade).

5 ml/1 tsk bagepulver

en knivspids salt

2 æg, let pisket

2 æggehvider

6 fl oz/175 ml/¾ kop olie

60ml/4 spsk kold stærk sort kaffe

Fordel hasselnødderne på et ovnfad (bageplade) og bag dem i en forvarmet ovn ved 180°C/gasmærke 4 i 15 minutter, indtil de er gyldenbrune. Gnid fast på et viskestykke (viskestykke) for at fjerne skindet, og hak derefter valnødderne fint i en foodprocessor med 15 ml/1 spsk sukker. Bland nødderne med mel, kakao, gær og salt. Pisk æg og æggehvider skummende. Tilsæt det resterende sukker lidt efter lidt og fortsæt med at piske indtil det er bleg. Tilsæt gradvist olien og derefter kaffen. Tilsæt de tørre ingredienser, hæld dem i en smurt og foret 25 cm/10 cm løsbundet kageform og bag i en forvarmet ovn ved 180°C/350°F/gasmærke 4 i 30 minutter, indtil den er stivnet. .

chokoladekage

Laver en kage på 900 g

60ml/4 spsk kakaopulver (usødet chokolade).

100 g smør eller margarine

120 ml olie

250 ml/8 fl oz/1 kop vand

12 oz/350 g/1½ kopper flormelis (superfint)

8 oz/225 g/2 kopper selvhævende mel

2 sammenpisket æg

120 ml mælk

2,5 ml/½ tsk bagepulver (natriumbicarbonat)

5 ml/1 tsk vaniljeessens (ekstrakt)

                        Til glasuren (glasuren):

60ml/4 spsk kakaopulver (usødet chokolade).

100 g smør eller margarine

60 ml/4 spsk kaffeflødekande

1 lb/450 g/22/3 kopper pulveriseret sukker, sigtet

5 ml/1 tsk vaniljeessens (ekstrakt)

4 oz/100 g/1 kop mørk (halvsød) chokolade

Kom kakao, smør eller margarine, olie og vand i en gryde og bring det i kog. Fjern fra varmen og tilsæt sukker og mel. Pisk æg, mælk, natron og vaniljeessens sammen og tilsæt blandingen i gryden. Hæld i en smurt og foret 900g/2lb brødform og bag i en forvarmet ovn ved 180°C/350°F/Gas Mark 4 i 1¼ time, indtil den er godt hævet og fjedrende at røre ved. Tag formen ud og lad den køle af på en rist.

Til glasuren bringes alle ingredienser i kog i en mellemstor gryde. Pisk indtil glat, og hæld derefter over kagen, mens den stadig er varm. Lad hvile.

chokoladekage

Giver en kage på 23 cm

5 oz/1¼ kopper/150 g mørk (halvsød) chokolade

5 oz/150 g/2/3 kop smør eller margarine, blødgjort

5 oz/150 g/2/3 kop pulveriseret (superfint) sukker

3 oz/75 g/¾ kop malede mandler

3 æg, adskilt

1 kop/4 oz/100 g mel (all-purpose).

Til fyld og topping:

300 ml piskefløde (tung)

7 oz/200 g/1¾ kopper mørk (halvsød) chokolade, finthakket

smuldrede chokoladeflager

Smelt chokoladen i en varmefast skål over en gryde med kogende vand. Pisk smør eller margarine og sukker cremet, og vend derefter chokolade, mandler og æggeblommer i. Pisk æggehviderne, indtil de danner bløde toppe, og fold dem derefter ind i blandingen med en metalske. Tilsæt forsigtigt melet. Hæld i en smurt 9 tommer/23 cm kageform og bag i en forvarmet ovn ved 180°C/350°F/gasmærke 4 i 40 minutter, indtil den er elastisk at røre ved.

Bring imens fløden i kog, og tilsæt derefter den hakkede chokolade og rør, indtil den er smeltet. Lad afkøle. Når kagen er kogt og afkølet skæres den vandret og slibes sammen med halvdelen af chokoladecremen. Fordel resten over og pynt med nogle smuldrede chokoladeflager.

Italiensk chokoladekage

Giver en kage på 23 cm

100 g smør eller margarine

8 oz/225 g/1 kop blødt brun farin

30 ml/2 spsk kakaopulver (usødet chokolade).

3 godt sammenpiskede æg

3 oz/75 g/¾ kop mørk (halvsød) chokolade

150 ml kogende vand

14 oz/400 g/3½ kopper almindeligt mel (alle formål).

5 ml/1 tsk bagepulver

en knivspids salt

10 ml/2 tsk vaniljeessens (ekstrakt)

6 fl oz/175 ml/¾ kop almindelig (let) creme

150 ml piskefløde (tung)

Smør eller margarine, sukker og kakao. Tilsæt æggene lidt efter lidt. Smelt chokoladen i det kogende vand og tilsæt blandingen. Tilsæt mel, bagepulver og salt. Pisk vaniljeessensen og fløden. Fordel mellem to smurte og bagepapirbeklædte 9/23 cm kageforme, og bag dem i en forvarmet ovn ved 180°C/350°F/gasmærke 4 i 25 minutter, indtil de er hævede og fjedrende at røre ved. Lad afkøle i formene i 5 minutter og vend dem derefter ud på en rist til afkøling. Pisk fløden stiv og brug den derefter til at binde kagerne sammen.

Chokolade hasselnødde islagkage

Giver en kage på 23 cm

1¼ kopper / 5 oz / 150 g hasselnødder uden skind

8 oz/225 g/1 kop granuleret sukker

15 ml/1 spsk instant kaffepulver

60 ml/4 spiseskefulde vand

1½ kopper/175 g mørk (halvsød) chokolade, ødelagt

5 ml/1 tsk mandelessens (ekstrakt)

100 g smør eller margarine, blødgjort

8 æg, adskilt

45 ml/3 spsk digestive cracker krummer (graham cracker)

Til glasuren (glasuren):

1½ kopper/175 g mørk (halvsød) chokolade, ødelagt

60 ml/4 spiseskefulde vand

15 ml/1 spsk instant kaffepulver

8 oz/225 g/1 kop smør eller margarine, blødgjort

3 æggeblommer

175 g / 6 oz / 1 kop pulveriseret sukker (glasur)

Revet chokolade til pynt (valgfrit)

Rist hasselnødderne på en tør pande til de er lyse gyldenbrune, ryst panden af og til og kværn. Reserver 45 ml/3 spsk til glasuren.

Opløs sukker og kaffe i vandet ved svag varme og rør i 3 minutter. Tag af varmen og tilsæt chokolade og mandelessens. Rør til det er smeltet og glat, og lad det derefter køle lidt af. Pisk smør eller margarine, indtil det er let og luftigt, og pisk derefter æggeblommerne gradvist i. Tilsæt hasselnødder og kiks. Pisk æggehviderne stive og vend dem derefter ind i blandingen. Fordel mellem to smurte og bagepapirbeklædte 9/23 cm kageforme og bag dem i en forvarmet ovn ved 180°C/350°F/Gas Mark 4 i 25 minutter, indtil kagen begynder at krympe fra siderne af formen. og føles robust.

Til glasuren smeltes chokoladen, vand og kaffe ved svag varme og røres til en jævn masse. Lad afkøle. Pisk smør eller margarine let og luftigt. Tilsæt gradvist æggeblommerne og derefter chokoladeblandingen. Pisk flormelisen. Stil på køl til det har en smørbar konsistens.

Dæk kagerne med halvdelen af frostingen, fordel derefter den resterende halvdel rundt om siderne af kagen og tryk de reserverede hasselnødder rundt om siderne. Dæk toppen af kagen med et tyndt lag glasur og rørglasur-rosetter rundt i kanten. Pynt eventuelt med revet chokolade.

Italiensk flødekage med chokolade og cognac

Giver en kage på 23 cm

14 oz/400 g/3½ kopper mørk (halvsød) chokolade

14 fl oz/400 ml/1¾ kopper tung fløde (tung)

600 ml/1 pt/2½ kopper kold stærk sort kaffe

75ml/5 spsk cognac eller Amaretto

400 g svampekage

Smelt chokoladen i en varmefast skål placeret over en gryde med kogende vand. Fjern fra varmen og lad afkøle. Pisk imens flødeskummet til det er stift. Pisk chokoladen i cremen. Bland kaffe og brandy eller Amaretto. Dyp en tredjedel af kiksene i dejen for at fugte dem, og beklæd en 9-tommer/23 cm/23 cm løsbundet kageform med folie. Smør med halvdelen af flødeblandingen. Fugt og kom endnu et lag kiks på, derefter resten af cremen og til sidst resten af kiksene. Lad den køle godt af, inden den tages ud af formen til servering.

lagdelt chokoladekage

Giver en kage på 20 cm

3 oz/75 g/¾ kop mørk (halvsød) chokolade

¾ kop/6 oz/175 g smør eller margarine, blødgjort

6 oz/175 g/¾ kop pulveriseret sukker (superfint)

3 æg, let pisket

1¼ kopper / 5 oz / 150 g selvhævende mel

1 oz/25 g/¼ kop kakaopulver (usødet chokolade).

Til glasuren (glasuren):

175 g / 6 oz / 1 kop pulveriseret sukker (glasur)

2 oz/50 g/½ kop kakaopulver (usødet chokolade).

¾ kop/6 oz/175 g smør eller margarine, blødgjort

Revet chokolade til pynt

Smelt chokoladen i en varmefast skål placeret over en gryde med kogende vand. Køl lidt ned. Fløde smør eller margarine og sukker til det er lyst og luftigt. Pisk gradvist æggene i, og vend derefter mel og kakao og smeltet chokolade i. Hæld blandingen i en smurt og bagepapirbeklædt 20 cm / 8 tommer kageform og bag i en forvarmet ovn ved 180 °C / 350 °F / Gasmærke 4 i 1¼ time, indtil den er elastisk at røre ved. Lad afkøle.

Til glasuren røres flormelis, kakao og smør eller margarine til en smørbar glasur. Når kagen er afkølet, skærer du den i tre vandret og bruger to tredjedele af frostingen til at lime de tre lag sammen. Fordel den resterende frosting ovenpå, skær et mønster med en gaffel og pynt med revet chokolade.

luftige chokoladekager

Giver en kage på 20 cm

1¾ kopper/200 g almindeligt (all-purpose) mel

30 ml/2 spsk kakaopulver (usødet chokolade).

5 ml/1 tsk bagepulver (natriumbicarbonat)

5 ml/1 tsk bagepulver

5 oz/150 g/2/3 kop pulveriseret (superfint) sukker

30 ml/2 spsk gylden sirup (lys majs)

2 æg, let pisket

150 ml / ¼ stk / 2/3 kop olie

150 ml mælk

150 ml dobbelt (tung) eller flødeskum, pisket

Pisk alle ingredienser undtagen cremen til du får en dej. Hæld i to smurte og forede kageforme på 8/20 cm og bag dem i en forvarmet ovn ved 160°C/325°F/gasmærke 3 i 35 minutter, indtil de er godt hævet og fjedrende at røre ved. Lad afkøle og top derefter med flødeskum.

mokka kage

Giver en kage på 23 x 30 cm / 9 x 12 tommer

450 g flormelis (super fint)

8 oz/2 kopper/225 g mel (all-purpose)

3 oz/75 g/¾ kop kakaopulver (usødet chokolade).

10 ml / 2 tsk natron (bagepulver)

5 ml/1 tsk bagepulver

en knivspids salt

120 ml olie

250 ml varm sort kaffe

250 ml mælk

2 æg, let pisket

Bland de tørre ingredienser og lav en brønd i midten. Tilsæt de resterende ingredienser og bland indtil de tørre ingredienser er inkorporeret. Hæld i en smurt og pergamentbeklædt 23 x 30 cm/9 x 12 kageform og bag i en forvarmet ovn ved 180°C/350°F/gasmærke 4 i 35 til 40 minutter, indtil en tandstikker er sat ind i midten. kommer rent ud.

Mudderkage

Giver en kage på 20 cm

8 oz/225 g/2 kopper mørk (halvsød) chokolade

8 oz/225 g/1 kop smør eller margarine

8 oz/225 g/1 kop pulveriseret sukker (superfint)

4 æg, let pisket

15 ml/1 spsk majsmel (majsstivelse)

Smelt chokolade og smør eller margarine i en varmefast skål over en gryde med kogende vand. Fjern fra varmen og rør sukker i, indtil det er opløst, og pisk derefter æg og majsmel i. Hæld i en smurt og bagepapirbeklædt 8/8 cm kageform og stil gryden over en bradepande med nok varmt vand til at komme halvvejs op ad grydens sider. Bages i en forvarmet ovn ved 180°C/350°F/gasmærke 4 i 1 time. Tag den op af gryden med vand og lad den køle af i dåsen, og afkøl den, indtil den er klar til at tages ud og serveres.

Mississippi Mud Pie med sprød bund

Giver en kage på 23 cm

3 oz/75 g/¾ kop honningkagekrummer

3 oz/75 g/¾ kop fordøjelseskiks-krummer (graham-kiks)

2 oz/50 g/¼ kop smør eller margarine, smeltet

300 gram skumfiduser

90 ml/6 spsk mælk

2,5 ml/½ tsk revet muskatnød

60 ml / 4 spiseskefulde rom eller brandy

20 ml/4 teskefulde stærk sort kaffe

450 g/l lb/4 kopper mørk (halvsød) chokolade

450 ml/¾ pt/2 kopper tung fløde (tung)

Bland kiksekrummerne med det smeltede smør og tryk i bunden af en smurt 23 cm løsbundet kagedåse. Fedt nok.

Smelt skumfiduserne med mælk og muskatnød ved svag varme. Fjern fra varmen og lad afkøle. Bland rom eller brandy og kaffe. Smelt imens tre fjerdedele af chokoladen i en varmefast skål over en gryde med kogende vand. Fjern fra varmen og lad afkøle. Pisk flødeskummet stiv. Vend chokoladen og flødeskummet i skumfidusblandingen. Hæld i bunden og glat toppen. Dæk med husholdningsfilm (plastfolie) og stil på køl i 2 timer, indtil det er stivnet.

Smelt den resterende chokolade i en varmefast skål over en gryde med kogende vand. Fordel chokoladen tyndt på en bageplade (småkage) og lad den køle af, til den er næsten hård. Kør en skarp kniv gennem chokoladen for at skære den i krøller og brug den til at dekorere toppen af kagen.

Chokolade valnøddekage

Giver en kage på 20 cm

1½ kopper / 6 oz / 175 g malede mandler

6 oz/175 g/¾ kop pulveriseret sukker (superfint)

4 æg, adskilt

5 ml/1 tsk vaniljeessens (ekstrakt)

1½ kopper/175 g mørk (halvsød) chokolade, revet

15 ml/1 spsk hakkede nødder

Rør de malede mandler og sukker i, og tilsæt derefter æggeblommer, vaniljeessens og chokolade. Pisk æggehviderne stive og vend dem i chokoladeblandingen med en metalske. Hæld i en smurt og bagepapirsbeklædt kageform på 8/20 cm og drys med de hakkede valnødder. Bages i en forvarmet ovn ved 190°C/375°F/gasmærke 5 i 25 minutter, indtil den er gennemhævet og fjedrende at røre ved.

Rig chokoladekage

Laver en kage på 900 g

7 oz/200 g/1¾ kopper mørk (halvsød) chokolade

15 ml/1 spsk stærk sort kaffe

8 oz/225 g/1 kop smør eller margarine, blødgjort

8 oz/225 g/1 kop granuleret sukker

4 æg

8 oz/2 kopper/225 g mel (all-purpose)

5 ml/1 tsk bagepulver

Smelt chokolade og kaffe i en varmefast skål over en gryde med kogende vand. Pisk imens smør eller margarine og sukker til det er lyst og luftigt. Tilsæt gradvist æggene, pisk godt efter hver tilsætning. Tilsæt den smeltede chokolade og tilsæt derefter mel og bagepulver. Hæld blandingen i en smurt og foret 900g/2lb brødform og bag i en forvarmet ovn ved 190°C/375°F/gasmærke 5 i ca. 1 time, indtil en tandstik indsat i midten kommer ren ud. . Dæk om nødvendigt toppen med aluminiumsfolie eller fedtfast (voks)papir i løbet af de sidste 10 minutter af tilberedningen for at forhindre overdreven bruning.

Kage med chokolade, valnødder og kirsebær

Giver en kage på 20 cm

8 oz/225 g/1 kop smør eller margarine, blødgjort

8 oz/225 g/1 kop pulveriseret sukker (superfint)

4 æg

Få dråber vaniljeessens (ekstrakt)

225 g/8 oz/2 kopper rugmel

8 oz/225 g/2 kopper malede hasselnødder

45 ml/3 spsk kakaopulver (usødet chokolade).

10 ml/2 tsk stødt kanel

5 ml/1 tsk bagepulver

900 g udstenede kirsebær (udstenede)

Pulversukker (glasur) til aftørring

Fløde smør eller margarine og sukker til det er blegt og luftigt. Pisk gradvist æggene i et ad gangen, og tilsæt derefter vaniljeessens. Bland mel, valnødder, kakao, kanel og bagepulver, vend det i blandingen og bland til en ensartet masse. På en let meldrysset overflade rulles dejen ud til en cirkel på ca. 20 cm i diameter og trykkes forsigtigt ned i en smurt, løsbundet tærteform. Læg kirsebærene ovenpå. Bages i en forvarmet ovn ved 200°C/400°F/gasmærke 6 i 30 minutter, indtil den er elastisk at røre ved. Tag den ud af formen for at afkøle og drys med flormelis inden servering.

Rom chokoladekage

Giver en kage på 20 cm

4 oz/100 g/1 kop mørk (halvsød) chokolade

15 ml/1 spsk rom

3 æg

100 g flormelis (super fint)

¼ kop / 1 oz / 25 g majsmel (majsstivelse)

2 oz/50 g/½ kop selvhævende mel

Smelt chokolade og rom i en varmefast skål over en gryde med kogende vand. Pisk æg og sukker lyst og luftigt, og vend derefter majsmel og mel i. Tilsæt chokoladeblandingen. Hæld i en smurt og bagepapirbeklædt 20 cm/8 tommer kageform og bag i en forvarmet ovn ved 190 C/gasmærke 5 i 10 til 15 minutter, indtil den er elastisk at røre ved.

chokolade sandwich

Giver en kage på 20 cm

1 kop/4 oz/100 g mel (all-purpose).

10 ml/2 tsk bagepulver

En knivspids bagepulver (bagepulver)

2 oz/50 g/½ kop kakaopulver (usødet chokolade).

8 oz/225 g/1 kop pulveriseret sukker (superfint)

120 ml majsolie

120 ml mælk

150 ml piskefløde (tung)

4 oz/100 g/1 kop mørk (halvsød) chokolade

Bland mel, bagepulver, natron og kakao. Tilsæt sukkeret. Bland olie og mælk og bland med de tørre ingredienser, indtil det er glat. Fordel mellem to smurte og forede sandwichforme (8/20 cm) og bag dem i en forvarmet ovn ved 180°C/gasmærke 3 i 40 minutter, indtil de er spændstige. Overfør til en rist til afkøling.

Pisk flødeskummet stiv. Reserver 30 ml/2 spsk og brug resten til at lave en sandwich med cupcakes. Smelt chokoladen og den reserverede fløde i en varmefast skål placeret over en gryde med kogende vand. Fordel over kagen og lad den hvile.

Carob og valnødde kage

Giver en kage på 18 cm

¾ kop/6 oz/175 g smør eller margarine, blødgjort

100 g/4 oz/½ kop blødt brun farin

4 æg, adskilt

¾ kop / 3 oz / 75 g almindeligt (all-purpose) mel

1 oz/25 g/¼ kop johannesbrødpulver

en knivspids salt

Finrevet skal og saft af 1 appelsin

Carob barer på 175 g / 6 oz

4 oz/100 g/1 kop hakkede blandede nødder

Pisk 100 g smør eller margarine med sukkeret, til det er lyst og luftigt. Tilsæt gradvist æggeblommerne, og tilsæt derefter mel, johannesbrødpulver, salt, appelsinskal og 15 ml/1 spsk appelsinjuice. Hæld blandingen i to smurte og forede kageforme på 7/18 cm og bag dem i en forvarmet ovn ved 180°C/350°F/gasmærke 4 i 20 minutter, indtil den er elastisk at røre ved. Fjern fra forme og lad afkøle.

Smelt johannesbrødet med den resterende appelsinjuice i en varmefast skål over en gryde med kogende vand. Fjern fra varmen og tilsæt resterende smør eller margarine. Lad afkøle lidt, rør af og til. Sæt de afkølede kager sammen med halvdelen af glasuren og fordel resten ovenpå. Skær et mønster ud med en gaffel og drys med valnødderne til pynt.

Carob julelog

Giver en rulle på 20 cm

3 store æg

100 g/4 oz/1/3 kop lys honning

¾ kop / 3 oz / 75 g fuldkornshvedemel (fuld hvede)

1 oz/25 g/¼ kop johannesbrødpulver

20 ml/4 teskefulde varmt vand

Til fyldet:

6 oz/175 g/¾ kop flødeost

Få dråber vaniljeessens (ekstrakt)

5 ml/1 tsk kaffegranulat, opløst i lidt varmt vand

30 ml/2 spsk lys honning

15 ml/1 spsk johannesbrødpulver

Pisk æg og honning til det er tykt. Tilsæt mel og johannesbrød og derefter det varme vand. Hæld i en smurt og bagepapirbeklædt bageform på 30 x 20 cm/12 x 8 Swiss Roll-bageform (gelérulleform) og bag i en forvarmet ovn ved 220°C/425°F/gasmærke 7 i 15 minutter, indtil den netop er sat. berøringen. Vend et stykke bagepapir og klip kanterne til. Rul op fra den korte ende, giv dig selv fat i papiret og lad det stå til det er afkølet.

Til fyldet piskes alle ingredienser sammen. Rul kagen ud og fjern papiret. Fordel halvdelen af fyldet over kagen, næsten til kanterne, og rul derefter igen. Fordel det resterende fyld over toppen og skær et skorpemønster med tænderne fra en gaffel.

kommenfrøkage

Giver en kage på 18 cm

8 oz/225 g/1 kop smør eller margarine, blødgjort

8 oz/225 g/1 kop pulveriseret sukker (superfint)

4 æg, adskilt

8 oz/225 g/2 kopper selvhævende mel

1 oz/25 g/¼ kop kommenfrø

2,5 ml/½ tsk stødt kanel

2,5 ml/½ tsk revet muskatnød

Fløde smør eller margarine og sukker til det er blegt og luftigt. Pisk æggeblommerne og tilsæt dem til blandingen, tilsæt derefter mel, frø og krydderier. Pisk æggehviderne stive og vend dem derefter ind i blandingen. Hæld blandingen i en smurt og foret 18cm/7cm kageform og bag i en forvarmet ovn ved 180C/gasmærke 4 i 1 time, indtil en tandstik indsat i midten kommer ren ud.

Riskage med mandler

Giver en kage på 20 cm

8 oz/225 g/1 kop smør eller margarine, blødgjort

8 oz/225 g/1 kop pulveriseret sukker (superfint)

3 sammenpisket æg

1 kop/4 oz/100 g mel (all-purpose).

¾ kop / 3 oz / 75 g selvhævende mel

¾ kop / 3 oz / 75 g sleben ris

2,5 ml/½ tsk mandelessens (ekstrakt)

Fløde smør eller margarine og sukker til det er lyst og luftigt. Pisk æggene lidt efter lidt. Tilsæt mel og malede ris og tilsæt mandlernes essens. Hæld i en smurt og bagepapirbeklædt 20 cm/8 kageform og bag i en forvarmet ovn ved 150°C/300°F/gasmærke 2 i 1¼ time, indtil den er elastisk at røre ved. Lad den køle af i formen i 10 minutter, inden den vendes på en rist til afkøling.

ølkage

Giver en kage på 20 cm

8 oz/225 g/1 kop smør eller margarine, blødgjort

8 oz/225 g/1 kop blødt brun farin

2 æg, let pisket

12 oz/350 g/3 kopper fuldkornshvedemel (fuld hvede)

10 ml/2 tsk bagepulver

5 ml / 1 tsk malet blandet krydderi (æblekage)

150 ml stout

175 g ribs

6 oz/175 g/1 kop rosiner (guldrosiner)

50 g rosiner

4 oz/100 g/1 kop hakkede blandede nødder

Revet skal af 1 stor appelsin

Fløde smør eller margarine og sukker til det er lyst og luftigt. Pisk gradvist æggene i, pisk godt efter hver tilsætning. Bland mel, bagepulver og krydderier og tilsæt gradvist den cremede blanding, skiftevis med stout, og tilsæt derefter frugt, valnødder og appelsinskal. Hæld i en smurt og foret 20 cm / 8 tommer kageform og bag i en forvarmet ovn ved 150 °C / 300 °F / Gasmærke 2 i 2¼ time, indtil en tandstik indsat i midten kommer ren ud. Lad afkøle i formen i 30 minutter og vend derefter ud på en rist til afkøling.

Øl og dadeltærte

Giver en kage på 23 cm

8 oz/225 g/1 kop smør eller margarine, blødgjort

1 lb / 450 g / 2 kopper blødt brun farin

2 æg, let pisket

450 g/1 lb/4 kopper almindeligt mel (all-purpose).

175 g/6 oz/1 kop udstenede (udstenede) dadler, hakket

4 oz/100 g/1 kop hakkede blandede nødder

10 ml / 2 tsk natron (bagepulver)

5 ml/1 tsk stødt kanel

5 ml / 1 tsk malet blandet krydderi (æblekage)

2,5 ml/½ teskefuld salt

500 ml/17 fl oz/2¼ kopper øl eller pilsner

Fløde smør eller margarine og sukker til det er lyst og luftigt. Pisk æggene lidt ad gangen, og tilsæt så skiftevis de tørre ingredienser og øl, indtil du har en jævn blanding. Hæld i en smurt og foret 23 cm/9 kageform og bag i en forvarmet ovn ved 180°C/350°F/gasmærke 4 i 1 time, indtil en tandstik indsat i midten kommer ren ud. Lad afkøle i formen i 10 minutter og vend derefter ud på en rist for at køle af.

battenburg kage

Giver en kage på 18 cm

¾ kop/6 oz/175 g smør eller margarine, blødgjort

6 oz/175 g/¾ kop pulveriseret sukker (superfint)

3 æg, let pisket

8 oz/225 g/2 kopper selvhævende mel

Få dråber vaniljeessens (ekstrakt)

Et par dråber hindbæressens (ekstrakt) Til frostingen:

15 ml/1 spsk hindbærsyltetøj (konserveret), siet (sigtet)

225 g mandelmasse

Nogle kandiserede (kandiserede) kirsebær

Smør eller margarine og sukker. Pisk gradvist æggene i, og tilsæt derefter mel og vaniljeessens. Del blandingen i to og rør hindbæressensen i den ene halvdel. Smør og beklæd en 18 cm firkantet kageform og del den i to ved at folde fedtsugende (voks)papir ned i midten af formen. Hæld hver blanding i halvdelen af formen og bag i en forvarmet ovn ved 180°C/350°F/gasmærke 4 i ca. 50 minutter, indtil den er elastisk at røre ved. Lad afkøle på en rist.

Klip kanterne af kagen og skær hvert stykke i halve på langs. Lav en sandwich med en lyserød og en vaniljeskive i bunden og en vanilje- og en lyserød skive ovenpå, og brug lidt marmelade til at binde dem sammen. Pensl ydersiden af kagen med det resterende marmelade. Rul mandelmassen ud til et rektangel, der måler cirka 18 x 38 cm / 7 x 15 tommer. Tryk rundt om ydersiden af kagen og skær rundt i kanterne. Pynt toppen med glaserede kirsebær.

Brød budding kage

Giver en kage på 23 cm

8 oz/225 g/8 tykke skiver brød

300 ml mælk

12 oz/350 g/2 kopper trail mix (frugtkage mix)

¼ kop/2 oz/50 g hakket blandet (kandiseret) skal

1 æble, skrællet, udkernet og revet

45ml/3 spsk blødt brun farin

30ml/2 spsk marmelade

45 ml / 3 spiseskefulde selvhævende mel

2 æg, let pisket

5 ml/1 tsk citronsaft

10 ml/2 tsk stødt kanel

100 g smør eller margarine, smeltet

Udblød brødet i mælken, indtil det er meget blødt. Bland alle andre ingredienser undtagen smør eller margarine. Tilsæt halvdelen af smørret eller margarinen, hæld blandingen i en smurt firkantet kageform (9/23 cm) og hæld det resterende smør eller margarine over. Bag i en forvarmet ovn ved 150°C/300°F/gasmærke 3 i 1½ time, øg derefter ovntemperaturen til 180°C/350°F/gasmærke 4 og bag i yderligere 30 minutter. Lad afkøle i formen.

Engelsk kærnemælkskage

Giver en kage på 20 cm

3 oz/75 g/1/3 kop smør eller margarine

3 oz/75 g/1/3 kop shortening (vegetabilsk shortening)

450 g/l lb/4 kopper mel (all-purpose)

100 g flormelis (super fint)

6 oz/175 g/1 kop blandet (kandiseret) hakket skal

100 g rosiner

30ml/2 spsk marmelade

250 ml kærnemælk eller surmælk

5 ml/1 tsk bagepulver (natriumbicarbonat)

Gnid smør eller margarine og spæk ind i melet, indtil blandingen minder om brødkrummer. Tilsæt mel, sukker, blandet skal og rosiner. Lun marmeladen lidt, så den let blandes med mælken, bland derefter bagepulver i og bland i kageblandingen, indtil den er glat. Hæld i en smurt og pergamentbeklædt 20 cm/8in kageform og bag i en forvarmet ovn ved 160°C/325°F/gasmærke 3 i 1 time. Reducer ovntemperaturen til 150°C/300°F/gasmærke 2 og bag i yderligere 45 minutter, indtil den er gyldenbrun og fjedrende at røre ved. Lad den køle af i formen i 10 minutter, inden den vendes på en rist til afkøling.

www.ingramcontent.com/pod-product-compliance
Lightning Source LLC
Chambersburg PA
CBHW070410120526
44590CB00014B/1331